荷马：
"缪斯啊，请歌唱阿基琉斯的致命愤怒……"

但丁：
"地狱之门的铭文：走进来的，你们必须把一切希望抛开。"

莎福：
"少女时期呀，少女时期，你离我而去，你在哪里？""我再不属于你，我再不属于你。"

哈菲兹：
"用我的睫毛做扫帚，我甘为酒店去效力。"

弥尔顿：
"全世界躺在他们面前，任凭他们去挑选住的地方，有上苍在前引导。两人手挽着手，慢步绕行，孤零零地穿过伊甸园。"

歌德：
"真美呀，请停留一下吧！"

华兹华斯：
"我看最低微的鲜花都有思想，但深藏在眼泪达不到的地方。"

拜伦：
"我梦见旧希腊仍为自由而快乐，因我在波斯墓上站立，我不能想象自己是个奴隶。"

雪莱：
"有一个被人经常亵渎的字，我无心再来亵渎。"

人间的诗意

济慈:
"美是永恒的喜悦。"

普希金:
"我曾用诗琴唤醒人们的善心,在这严酷的时代,我讴歌过自由,为苦难的人们祈求过同情。"

海涅:
"当你说出:我爱你,我便辛酸地哭泣。"

人间的诗意

波德莱尔:
"我独自去练习我奇异的剑术,向各个角落嗅寻偶然的韵律,绊在字眼上,像绊在石子路上,有时碰上了梦想已久的诗行。"

魏尔伦:
"你怎样,说呀,消磨去你的青春?"

惠特曼:
"我的灵魂清澈而香甜,那些非我灵魂的东西也清澈而香甜。"

狄金森:
"我是无名之辈,你是谁?"

勃朗宁夫妇:
"如果你一心要爱我,那就别为了什么,只是为了爱才爱我。"

哈代:
"挡住那月光,她那姿色太像从前。"

叶芝：
"他们听见风儿边笑边说边唱，唱一个连老人都很美丽的地方，那儿聪明人也谈笑风生。"

叶赛宁与邓肯：
"多想在柳树的枝杈上，嫁接上我的双手。"

马雅可夫斯基：
"我可以温柔得让你挑不出毛病，不是男人，而是一朵穿裤子的云！"

庞德：
"上帝，给梦以生命吧，不是调笑，是生命。"

艾略特：
"四月是最残忍的月份，在死地上养育出丁香，扰混了回忆和欲望，用春雨惊醒迟钝的根。"

弗罗斯特：
"一片树林里分出两条路，我选了人迹更少的一条，从此决定了我一生的道路。"

人间的夜莺
人间的诗意

狄伦·托马斯：
"我在这轻似羽毛的纸片上写诗，是为了怀抱世代悲愁的情人们。"

泰戈尔：
"樵夫的斧头，问树要斧柄。树便给了他。"

里尔克：
"像一片原始森林，你远离修辞。"

黑塞：
"我顶住一切烦恼忧伤，依旧热爱这疯狂的世界。"

帕斯捷尔纳克：
"你说得对，爱情这个词庸俗不堪。我会想出另外一种名称语言。如果你愿意，我可以把整个世界，把所有的话，都修改一遍。"

茨维塔耶娃：
"活到头才能嚼完那苦涩的艾蒿……"

阿赫玛托娃：
"我问缪斯：'是你向但丁口授了《地狱篇》？'是的，她回答。"

聂鲁达：
"正因为时世艰辛，你要等着我：让我们怀着希望去生活。"

帕斯：
"把面包称为面包，但愿每天的面包出现在桌上。"

人间的诗意 人间的夜莺

希梅内斯：
"请把你的秘密告诉我，
啊，时间，
因为它使你越老越新鲜！"

希姆博尔斯卡：
"我为我不能成为每个男人和女人而向所有人道歉。"

埃利蒂斯：
"解放大地的美。"

敬　启

严凌君先生主编的"青春读书课"系列丛书，立意高远，贴近青少年阅读心理，选文题材广泛，内容丰富。在编辑过程中，我们按照现代出版规范对选文进行了统一处理，对部分选文做了删减，力求提供一套符合现代文字规范的青少年读物，以帮助读者建立对纯洁汉语的认知与体悟。敬请作者、译者见谅。

另外，我们已经联系到部分选文的作者和译者，他们同意将作品列入"青春读书课"系列丛书出版，但由于作者面广，仍有部分作者和译者无法取得联系。请作者和译者看到本系列丛书后尽快与我们联系，以便奉寄样书和稿酬。

诚致谢意！

联系人：蒋鸿雁
电话：0755-83460371
Email：984213171@qq.com

海天出版社

青春读书课·珍藏本 第七卷
成长教育系列读本

严凌君 主编/导读

人间的诗意

人生抒情诗读本 ［下］

海天出版社（中国·深圳）

图书在版编目(CIP)数据

青春读书课.人间的诗意.下/ 严凌君主编、导读.—深圳:海天出版社,2018.1 (2019.10重印)
ISBN 978-7-5507-2189-0

Ⅰ.①青… Ⅱ.①严… Ⅲ.①阅读课－中学－课外读物 Ⅳ.①G634.333

中国版本图书馆CIP数据核字(2017)第269121号

青春读书课.人间的诗意.下
QINGCHUNDUSHUKE.RENJIAN DE SHIYI.XIA

出 品 人	聂雄前
责任编辑	蒋鸿雁 谢 芳
责任技编	梁立新
责任校对	万妮霞
书籍设计	韩湛宁
插页设计	李晓光

出版发行	海天出版社
地　　址	深圳市彩田南路海天综合大厦（518033）
网　　址	www.htph.com.cn
订购电话	0755-83460293（批发） 83460397（邮购）
排版制作	深圳市思成致远创意文化有限公司 Tel：0755-82537697
印　　刷	深圳市华信图文印务有限公司
开　　本	787mm×1092mm 1/16
印　　张	18.5
字　　数	300千
版　　次	2018年1月第1版
印　　次	2019年10月第3次
定　　价	32.00元

海天版图书版权所有，侵权必究。
海天版图书凡有印装质量问题，请随时向承印厂调换。

目录

上编 那柠檬花开的地方

纯洁之美的精灵

雅 歌 【古希伯来】《旧约》…………003
发 【法国】果尔蒙…………………007
优美的船 【法国】波德莱尔…………009
给一位过路的女子【法国】波德莱尔……011
你怎会认为这东西也能吸引人
　　　　【英国】丁尼生………………013
致凯恩【俄国】普希金………………015
热那亚女人【意大利】坎帕纳…………017
赞美我的子宫【美国】安妮·塞克斯顿……019
致海伦【美国】爱伦·坡………………022
安 娜 【圣卢西亚】沃尔柯特…………024

青年男女谁个不善钟情

对维纳斯的夜祷 【古罗马】无名氏……028
波斯抒情 【俄国】叶赛宁……………033
红莓花儿开 【俄国】伊萨科夫斯基……035
你的名字 【中国】纪弦………………036
羞 愧 【智利】米斯特拉尔……………038
我的恋人如此娴雅 【意大利】但丁……040
羞 怯 【印度】泰戈尔…………………041
园丁集(4首) 【印度】泰戈尔…………042
维特与绿蒂 【德国】歌德……………044
给所爱 【古希腊】萨福………………045
你跟你明亮的眼睛订了婚
　　　　【英国】莎士比亚……………047
致羞涩的姑娘 【英国】马韦尔…………048
跳 蚤 【英国】多恩……………………051
宣 告 【德国】海涅……………………053

001

那柠檬花开的地方

公园里 【法国】普列维尔 ……………055
如果你能在秋季来到
　　【美国】狄金森 ……………056
等着我吧…… 【苏联】西蒙诺夫 ……058
邂　逅 【苏联】帕斯捷尔纳克 ……060
我从未旅行过的地方
　　【美国】肯明斯 ……………062
迷娘歌 【德国】歌德 ……………064
邀　游 【法国】波德莱尔 ……………066

灵魂选择自己的伴侣

一棵松树在北方 【德国】海涅 ……068
低着头 【西班牙】洛尔卡 ……………069
灵魂选择自己的伴侣
　　【美国】狄金森 ……………070
如果你定要爱我
　　【英国】勃朗宁夫人 ……………071
请再说一遍："我爱你！"
　　【英国】勃朗宁夫人 ……………073
我愿意是急流 【匈牙利】裴多菲 ……074
现代处女 【芬兰】瑟德格兰 ……………076
暗　示 【英国】安妮·斯蒂文森 ……078
阳　台 【法国】波德莱尔 ……………079
别离辞：节哀 【英国】多恩 ……………081
你的微笑 【智利】聂鲁达 ……………083
和她在一起 【智利】聂鲁达 ……………085
为触摸我们的根 【墨西哥】帕斯 ……086
致—— 【英国】雪莱 ……………088

爱情也得有歇息的时候

忆少年 【西班牙】希梅内斯 ……………090
给尤诺约的情歌 【美国】庞德 ……092
晨　别 【英国】罗伯特·勃朗宁 ……093
出阵前告别鲁加斯达
　　【英国】里却德·腊吾勒斯 ……094
自由与爱情 【匈牙利】裴多菲 ……095
好吧，我们不再一起漫游
　　【英国】拜伦 ……………096
白天在冷却…… 【芬兰】瑟德格兰 ……097
标　志 【苏联】茨维塔耶娃 ……………099
瘦骨嶙峋的女孩 【加拿大】艾贝尔 ……101
恋歌：我的爱 【英国】埃·达干 ……103
全都为了你 【法国】普列维尔 ……105
女人的心 【美国】琼森 ……………106
我要在你爱我的时候死去
　　【美国】琼森 ……………107
大街上，爱情 【加拿大】艾特伍德 ……108

今夜我能写出最悲凉的诗句

致聂门河 【波兰】密茨凯维支·················111
初恋的丧失 【德国】歌德···············112
蜜腊波桥 【法国】阿波利内尔···········113
第二十首情诗 【智利】聂鲁达···········115
不必为我浪费时间
　　【苏联】阿赫玛杜林娜···············117
我曾经爱过你 【俄国】普希金···········118
你是鲜花,你是亲爱的孩子
　　【德国】海涅·······················119
当你老了 【爱尔兰】叶芝···············123
约翰·安徒生,我爱 【英国】彭斯·······124
最后的话 【比利时】梅特林克···········125
陶 杯 【智利】米斯特拉尔·············127
爱之后的爱 【圣卢西亚】沃尔柯特·····129

下编 面朝大海,春暖花开

人类我爱你

时 代 【英国】伦·司·托马斯···········133
火与冰 【美国】弗罗斯特···············134
颠倒的世界 【奥地利】汉德克···········135
人类我爱你 【美国】肯明斯···········138
对这些都倦了 【英国】莎士比亚·········140
讽喻诗 【法国】卢梭···················141
我很健康 【希腊】柳德米斯·············142
农 民 【英国】伦·司·托马斯···········146
风 车 【比利时】维尔哈伦·············148
海水谣 【西班牙】洛尔卡···············150
国际歌 【法国】欧仁·鲍狄埃···········152
赞美诗 【波兰】希姆博尔斯卡···········154
严重的时刻 【奥地利】里尔克···········156

坟上开着迷迭香

岩石上的黑渡鸦 【马其顿】民歌 ……… 157
迷迭香 【捷克】民歌 ……………… 158
是谁发明了可怕的剑
　【古罗马】梯布卢斯 …………… 159
奇异的会见 【英国】欧文 ………… 162
死亡赋格 【法国】保尔·策兰 …… 164
他在中国变为尘土 【英国】奥登 … 167
我的黄金时代 【日本】茨木则子 … 169
悼友人 【苏联】阿赫玛托娃 ……… 171
为了千疮百孔的文明 【美国】庞德 … 172
就在空中飘 【美国】鲍勃·迪伦 … 173

学会爱黑暗的日子

窗前晨景 【美国】艾略特 ………… 174
癞蛤蟆 【英国】菲·拉金 ………… 175
留下的伊甸园 【澳大利亚】霍普 … 177
敬礼 【美国】庞德 ………………… 178
坐火车经过一处果园
　【美国】罗伯特·勃莱 ………… 179
补墙 【美国】弗罗斯特 …………… 180
你忘了 【挪威】罗尔 ……………… 182
黑八月 【圣卢西亚】沃尔柯特 …… 184
同情 【丹麦】本尼·安德森 ……… 186

过去的好时光

天在那边屋顶上啊 【法国】魏尔伦 … 188
给伊琳娜 【苏联】日古林 ………… 190
歌 【爱尔兰】叶芝 ………………… 191
挡住那月光 【英国】哈代 ………… 193
玫瑰 【奥地利】伊·布莱姆 ……… 195
风中的栗树 【中国】蓝蓝 ………… 196
过去的好时光 【英国】彭斯 ……… 198

生命之书至高无上

纪念册上的题词 【法国】拉马丁 … 200
七五生辰有感 【英国】兰陀 ……… 201
安魂曲 【英国】史蒂文生 ………… 202
雪夜林边逗留 【美国】弗罗斯特 … 203
殉美 【美国】狄金森 ……………… 205
由于我无法驻足把死神等候
　【美国】狄金森 ………………… 206
墓园挽歌 【英国】托马斯·格雷 … 208
死亡也一定不会战胜
　【英国】狄兰·托马斯 ………… 214
身后 【英国】哈代 ………………… 216
纪念碑 【俄国】普希金 …………… 218
眼睛 【法国】普吕多姆 …………… 221
走了 【美国】弗罗斯特 …………… 223

大地上的诗意永不消亡

牧　场　【美国】弗罗斯特················225
蚱蜢与蟋蟀　【英国】济慈················226
致杜鹃　【英国】华兹华斯················227
致云雀　【英国】雪莱················229
狗之歌　【俄国】叶赛宁················234
老　虎　【英国】布莱克················236
豹　【奥地利】里尔克················238
栖息着的鹰　【英国】塔特·休斯················239
蛇　【英国】劳伦斯················241
马　【英国】缪亚················245
我爱这只温驯的驴子　【法国】雅姆················248

面朝大海，春暖花开

世事沧桑话鸣鸟　【美国】沃伦················251
玫　瑰　【阿根廷】博尔赫斯················252
希腊古瓮颂　【英国】济慈················253
生活——我的姐妹
　　【俄国】帕斯捷尔纳克················256
无　题　【苏联】阿赫玛托娃················258
吉檀迦利　【印度】泰戈尔················259
我的财产　【德国】荷尔德林················267
我们整天在田野行走
　　【希腊】埃利蒂斯················270
朴素的生活　【墨西哥】帕斯················272
秋　日　【奥地利】里尔克················274
面朝大海，春暖花开　【中国】海子········276

珍藏本后记················279

那柠檬花开的地方

上编

人间的诗意

HUMAN POETIC FLAVOUR

你需要的话,
可以拿走我的面包,
可以拿走我的空气,可是
别把你的微笑拿掉。

【古希伯来】《旧约》
孙小平 译

雅 歌①

每个民族的先民诗歌,都有引人注目的两大类型,一类是敬神诗,一类是爱情诗,在后一类诗中,又有较多歌咏美人的诗篇。当人类的目光从天上的神灵落到地上的美人身上时,有什么事情发生了?当男人初次把女人当成美的对象来歌咏的时候,人类的角色心理发生了怎样微妙的变化?

《雅歌》是《圣经》中最别致的情诗,原题《所罗门之歌》,大约出现在公元前2世纪,是古代希伯来文学的"歌中之歌"。节选的这一节专咏美人,把我们赖以维生的、人间最美好的事物,一一往女性身上编排,传达一个强烈的信息:美人,是大地的精华。

　　我从旷野上来,
　　　　形状如烟柱,
　　以没药、乳香和商人各样
　　　　香粉熏的,是谁呢?
　　看哪,是所罗门的桥!
　　四周有六十个勇士,
　　　　都是以色列中的勇士。
　　手都持刀,
　　　　善于争战,
　　腰间佩刀,
　　　　防备夜间有惊慌。
　　所罗门王用黎巴嫩木,
　　　　为自己制造一乘华轿;
　　轿柱是用银做的,
　　　　轿底是用金做的,还有

---

① 选自飞白主编《世界诗库》,花城出版社,1994年版。

纯洁之美的精灵

　　　　紫色的坐垫,
其中所铺的是
　　耶路撒冷众女子的爱情。
锡安的众女子啊,
　　你们出去观看,
所罗门王头戴冠冕,
　　　就是在他婚筵的日子,
　　　心中喜乐的时候,
　　　　他母亲给他戴上的。

我的佳偶,你甚美丽,
　　你甚美丽。
你的眼在帕子内
　　好像鸽子;
你的头发如同山羊群;
　　卧在基列山旁;
你的牙齿如新剪毛的
　　一群母羊,
　　　洗净上来,
个个都是双生,
　　没有一只丧掉子的;
你的唇好像一条朱红线,
　　你的嘴也秀美;
你的面颊在帕子内
　　如同一块红石榴;
你的颈项,好像
　　大卫收藏军器的高塔,
其上悬挂一千盾牌,
　　都是勇士的藤牌;
你的两乳,好像百合花中
　　吃草的一对小鹿,
　　　就是母鹿双生的。
我要往没药的山和
　　乳香的岗去,

直等到天起凉风，
　　日影飞去的时候回来。

我的佳偶，你全然美丽，
　　毫无瑕疵。
我的新妇，与我一同离开
　　黎巴嫩吧，
　　与我一同离开黎巴嫩！
从亚玛拿山巅，
　　从示尼珥和黑门峰，
从有狮子的洞，
　　从有豹子的山，举目眺望。

我的妹子，我的新妇，
　　你夺走了我的心；
　你用你的一个眼波，
　用你颈上的那颗宝石，
　　夺走了我的心。
我的妹子，我的新妇，
　　你的爱情何其美！
　你的爱情何等地胜似美酒！
　你膏油的香气胜过一切香品！
我的新妇，你的嘴唇滴蜜，
　　好像蜂房滴蜜；
　你的舌下有蜜有奶，
　你衣服的香气如
　　黎巴嫩的香气。
我的妹子，我的新妇，
　　乃是关锁的园，
　禁闭的井，封闭的泉源。
你园内所种的结了石榴，
　有佳美的果子，还有
　　凤仙花与哪哒树，
有哪哒和番红花，菖蒲和桂树，
　还有各种乳香木，

没药、沉香
　　与一切上等的果品——
你是园中的泉，活水的井，
　　从黎巴嫩流下的溪水。

北风啊，兴起！
　　南风啊，吹来！
吹在我的园内，
　　使其中的香气发散。
愿我的爱人进入自己园里，
　　吃佳美的果子。

我的妹子，我的新妇，
　　　我进了我的园中，
　　采了我的没药和香料，
　　吃了我的蜜房和蜂蜜，
　　喝了我的酒和奶。

吃吧，朋友们，喝吧，
　　多多地喝，我所亲爱的！

【法国】果尔蒙
戴望舒 译

发①

从女子的头发中，嗅出大地万物的芳香，铺排得极有想象力。诗人并不是因为神魂颠倒而胡言乱语。他认为在一个女子的头发中，可能蕴藏着大自然神秘的魅力。

西茉纳，有个大神秘
在你头发的林里。

你吐着干蒭的香味，你吐着野兽
睡过的石头的香味；
你吐着熟皮的香味，你吐着刚簸过的
小麦的香味；
你吐着木材的香味，你吐着早晨送来的
面包的香味；
你吐着沿荒垣
开着的花的香味；
你吐着黑莓的香味，你吐着被雨洗过的
常春藤的香味；
你吐着黄昏间割下的
灯芯草和薇蕨的香味；
你吐着冬青的香味，你吐着苔藓的香味，
你吐着在篱阴结了种子的
衰黄的野草的香味；
你吐着荨麻如金雀花的香味，
你吐着苜蓿的香味，你吐着牛乳的香味；

---

① 选自《戴望舒译诗集》，湖南人民出版社，1983年版。

你吐着茴香的香味；
你吐着胡桃的香味，你吐着熟透而采下的
果子的香味；
你吐着花繁叶满时的
柳树和菩提树的香味；
你吐着蜜的香味，你吐着徘徊在牧场中的
生命的香味；
你吐着泥土和河的香味；
你吐着爱的香味，你吐着火的香味。

西茉纳，有个大神秘
在你头发的林里。

【法国】波德莱尔
莫渝 译

优美的船①

现代都市诗人不太理睬女性头上的光环,他把眼睛盯着有血有肉的女性本身。波德莱尔以"恶的歌手"闻名于世。在他的眼里,美丽的女子同时具有女神和女巫双重个性,"优美的船"和"捣春药的巫女"两个意象各有所指。诗句想象奇幻,但诗人的视点很老实,船只犁水悠游,站在岸边的诗人会如何浪奔浪涌?水木清华气淡了,人间烟火气重了。在诗歌创作中,诚实不知算不算一种美德?

我要向你讲述,娇弱艳女喔!
装扮你青春气息的千姿百态;
　　我要描绘出你的美貌,
融合幼稚与成熟的美貌。

当你用宽裙扫摆空气时,
俨然是出海的优美船只,
　　扬帆鼓浪前进,
以温和懒散缓慢的节拍。

在宽广的肩和浑圆的颈上,
你的头风韵十足地摇晃;
　　以趾高气扬却平静的神情
你走在路上,庄重的女孩。

我要向你讲述,娇弱艳女喔!
装扮你青春气息的千姿百态;
　　我要描绘出你的美貌,

---

① 选自莫渝《恶之花译析》,花城出版社,1992年版。

融合幼稚与成熟的美貌。

你那顶住波纹绸衣的高耸胸脯,
你那自豪的胸脯是美丽衣柜
　　　凸起的明亮门板
如同吸住闪电的盾牌;

惹火的盾牌,配备粉红色尖端!
藏着甜美秘密的衣橱,
　　　满是美酒香水饮料
足以使人心迷意乱的珍品!

当你用宽裙扫摆空气时,
俨然是出海的优美船只,
　　　扬帆鼓浪前进,
以温和懒散缓慢的节拍。

你走动时裙摆下的高贵小腿,
猛扇并挑逗隐约的欲火,
　　　如同两位巫女
在深瓮里熬炼黑色春药。

你那双不把年轻勇士看在眼中的胳臂,
是闪亮蟒蛇有力的对手。
　　　可将恋人使劲搂紧,
如同镂印在心版上。

在宽广的肩和浑圆的颈上,
你的头风韵十足地摇晃;
　　　以趾高气扬却平静的神情
你走在路上,庄重的女孩。

【法国】波德莱尔
郭宏安 译

给一位过路的女子①

波德莱尔曾对女人有过极高的期许："对大多数男子而言，女人是最强烈，甚至是最持久的快乐的源泉。对艺术家来说，就是一种神明，一颗星辰，支配着男性头脑的一切观念。……女人大概是一片光明，一道日光，一张幸福的请柬。"（莫渝译）同其他诗人一样，波德莱尔追求过爱情的灵与肉的不同境界，照例无法圆满。他发现，爱情中追求献身的慷慨欲望，"很快会被对占有的追求所腐蚀"。爱情或许是临时的止痛剂，却不是长效的解忧药。对于一个陷入深层忧郁的心灵，平常的刺激已经不起作用。"如果你要使我喜欢，恢复我的情欲，那就残酷吧，谎骗吧，放荡吧，荒淫吧，偷窃吧！……我的病是绝对治不好的。"（钱春绮译）波德莱尔"痛苦的诗学"——"爱"与"美"的痛苦，完美地体现在这首十四行诗里。在喧闹的街巷，走过一名女子，一身丧服，忧愁又高贵，诗人瞥见她轻盈的腿，猜中她"孕育着风暴的天空"一样的眼，然后"电光一闪……复归黑暗！——美人已去"，留下无限怅惘的诗人在叹息："啊我可能爱上你，啊你该知悉！"

这是典型的都市里的爱情。人群挤出来又吸回去的美人儿，惊鸿一瞥，把诗人从忧郁中电醒，像是冷酷的人间的一点微暗的火，飘来依稀的梦幻和隐约的情欲，这惊艳的女子可能成为诗人活下去的新的转机，添点心热，再有勇气面对俗世。可是，转瞬即逝，奇迹般的美人的脸又奇迹般消弭于人群。这是一个寓言，都市人只能消受这样迎面错过的爱情，这每天在大街上频繁发生的惆怅故事，这永远痛苦的张望。

葡萄牙作家佩索阿创造了一个概念，有助于我们从另一个别致的视点解读这种情景，这个概念是"视觉性情人"。佩索阿说："我受制于视觉激情"，"这就是我爱的方式：盯住一个女人或男人的视像——欲望在那里缺席，性更是毫不相干，我只是想观看而已。""我用自己的眼睛而不

---
① 选自波德莱尔《恶之花》，郭宏安译，漓江出版社，1992年版。

是想入非非来爱。""我对她完全不会有好奇。""因为灵魂是一种单调重复之物,每一个人彼此彼此;人们只有在个人外表上才会各各相异,而其中最好的部分则溢进了梦幻,溢进了风采和体态,而这些将成为视像的部分,把我的兴趣牢牢抓住。""我自然的命运,就是成为一个对事物表象和外表散漫而热情的观察者,一个对于梦幻的客观观察者,一个对自然一切形式和形态的视觉性情人。"(引自《惶然录》,韩少功译)

喧闹的街巷在我周围叫喊。
颀长苗条,一身丧服,庄重忧愁,
一个女人走过,她那奢华的手
提起又摆动衣衫的彩色花边。

轻盈而高贵,一双腿宛若雕刻。
我紧张如迷途的人,在她眼中,
那暗淡的、孕育着风暴的天空
啜饮迷人的温情,销魂的快乐。

电光闪过……复归黑暗!——美人已去,
你的目光一瞥突然使我复活,
难道我从此只能会你于来世?

远远地走了!晚了!也许是永诀!
我不知你何往,你不知我何去,
啊我可能爱上你,啊你该知悉!

【英国】丁尼生
陈维杭 译

你怎会认为这东西也能吸引人[①]

有人对女性痴迷，也有人对女性反胃。瞧，这里有一位，把女人称为"这东西"，因轻蔑之极，开口就把女人物化了。说话还是小心点，祸从口出，讥笑女人会惹她仇恨，女人的仇恨虽然"乏味"，可是像"魔鬼般"难缠。明知山有虎，诗人却偏向虎山行。看来是骨鲠在喉，不吐不快了——与其听"她"故作高雅地大发议论（别人可是用夜莺婉转、清泉潺潺、天使乐歌等来形容），还不如去听牙医磨牙；理发匠的声音使人"恢复青春"，岂不是说"她"的耳语使人苍老？还有那手呀、脚呀、眼呀，全都是卖弄风情（别人可是只要一招过去即刻兴奋莫名，乃至幸福得昏迷）。最后是快节奏地翻动硬币的两面：你的形体像是生来让人崇拜的天使，可你却长了颗任人摆布的心；你的脸型完美无缺，只是漂亮得像白开水；你的美缺乏内涵，就像纸牌上麻木不仁的皇后。一口气数落下来，诗人大概挺解气吧？当我们了解到，作者是因为一场失败的恋爱而打破了对女性的迷思，诗中的"她"实有其人，并非泛指所有女性。浅薄、空虚、无聊是一些女子的通病。如此落笔讽刺几句，似乎情有可原。"你"，当是诗人自指；而你读到这首诗，自然也是提醒读者你了。

丁尼生（1809~1892），英国维多利亚时代的代表诗人，继华兹华斯之后的英国桂冠诗人。

你怎会认为这东西也能吸引人？
　　使她变得可亲的是些什么窈窕？
　　对她都不值得存心去加以嗤笑，
去激起她魔鬼般的乏味的仇恨。
她说话全是老生常谈空发议论，
　　一旦这声音在你耳畔絮絮叨叨，

[①] 选自王佐良主编《英国诗选》，上海译文出版社，1998年版。

再听到牙医闲聊或理发匠唠叨①:
你会整整一周感到恢复了青春。
那手,演出了多少种小小的殷勤,
　　那眼睛,老是瞄着她邻人的衣裙,
　　　　那脚,为博我青睐而过多地显露;
天使的外形——伺候人的女人的心,
　　完美无缺的脸型,白开水般的俊,
　　　　毫无表情,就像个纸牌上的皇后。

---

① 牙医往往一边进行治疗一边和病人闲谈,借以转移病人的注意力。谈话只是他的职业习惯,毫无个人情趣可言。类似的情况也发生在理发师在为顾客剃须修面之时,但即使如此,和诗中那位女子的社交谈吐相比,牙医和理发师的谈话还要强过百倍。

【俄国】普希金
戈宝权 译

致凯恩①

女性的魅力以及它对苦难人生的神奇功效，普希金有独到心得。"我记得那美妙的一瞬，在我的面前出现了你，有如昙花一现的幻影，有如纯洁之美的精灵。"那惊鸿一瞥的心动，那一见钟情的喜悦，那流水潺潺的韵律，那清水出芙蓉的比喻，尽在这首《致凯恩》中得到完美的体现。

诗人20岁时（1819年）在圣彼得堡的一家沙龙里初识佳人，求爱未果。6年后（1825年），普希金在荒凉的流放之地左顾右盼，孤寂、冷清、怅惘，青春虚度，个人和祖国的前途一片迷茫，身边只有一个老奶娘为伴。在这种环境和心境之下，渴求女性的温存是情理中事。诗人在流放中有缘重逢佳人，一种熟悉的、虽然简单然而美好的爱慕之情汹涌在心头，诞生了这首爱情杰作。诗人坦白，时间和距离会消解爱情，长久的忧伤和新鲜的迷离的冲动会淹没旧情。但是，爱的力量能唤醒沉睡的灵魂，使人重获新生。当有情人重逢，诗人是用血肉之躯的灵敏反应赞美着爱的神奇魔力。末尾重章叠句的形式，使高亢的情绪获得了音乐般的回环和谐之美："我的心狂喜跳跃，为了它，一切又重新苏醒，有了神性，有了灵感，有了生命，有了眼泪，也有了爱情。"

普希金的爱不计功利，当我们知道，从初识到重逢，凯恩一直是别人的妻子，就能明白，普希金的行为在常人眼里不过是自作多情。不以占有对方为目的的爱，是常人不易做到的。这种爱充实了诗人的生命，也给对方带来人间的温情，不比实用主义的爱情更熨帖人性吗？至于诗人与凯恩之间的接触是否仅止于纸面，那就是传记作家去考证的事了。普希金那些脍炙人口的爱情诗篇，有一种高雅的品质、一种高贵的人性、一种温柔

---

① 选自莫家祥、高子居编《西方爱情诗选》，漓江出版社，1981年版。安娜·凯恩（1800~1879）是普希金的女朋友。普希金20岁时，第一次在圣彼得堡奥兰宁的家里和她相见，那时她才19岁，已经嫁给一位53岁的将军。诗中的第一句，即指这次初会而言。俄国著名作曲家格林卡曾把这首诗谱成歌曲，成为俄国最有名的一首情歌，流传至今。

的格调,令人温暖和感动。那种超越情欲的对爱情本质的理解,对美的纯洁的礼赞,对恋爱中的丰富人性的精微观察和深刻体验,极大地丰富了人类的爱情感觉。

我记得那美妙的一瞬:
在我的面前出现了你,
有如昙花一现的幻影,
有如纯洁之美的精灵。

在绝望的忧愁的折磨中,
在喧闹的虚幻的困扰中,
我的耳边长久地响着你温柔的声音,
我还在睡梦中见到你可爱的面影。

许多年代过去了。狂暴的激情
驱散了往日的梦想,
于是我忘记了你温柔的声音,
还有你那天仙似的面影。

在穷乡僻壤,在囚禁的阴暗生活中,
我的岁月就那样静静地消逝,
没有神往,没有灵感,
没有眼泪,没有生命,也没有爱情。

如今灵魂已开始觉醒:
于是在我的面前又出现了你,
有如昙花一现的幻影,
有如纯洁之美的精灵。

我的心狂喜地跳跃,
为了它,一切又重新苏醒,
有了神往,有了灵感,
有了生命,有了眼泪,也有了爱情。

【意大利】坎帕纳
吕同六 译

热那亚女人①

热那亚女人，你是神圣的海洋生物，浑身散发着大海的气息，我该怎样爱你？你是一个徘徊的幽灵，随随便便在我的心中散步，让我无法抗拒。你用神奇的诱惑鼓动我，像阵阵热风，把我的渴望吹遍大地。我因为爱你，而爱了这个世界。整个世界，都被你的爱托起，在你纤手的盈盈一握里。诗人在歌咏女性的一种神秘力量：由女人的身体所唤醒的诱惑不是直接的性冲动，而是对遥远世界的瞭望。女人是梦想的媒介，激发出诗人对世界之美的神往。那推动摇篮的手，就这样推动了男人，然后，又推动了世界。

你的秀发
给我带来些许海藻，
你晒得黝黑的身躯
让我嗅到飘荡着热情的
远方海风的气息。
啊，你的苗条的身材
神圣，纯朴
——这不是爱，
也不是冲动，
而是一个幽灵，
一个必不可少的身影，
她从容不迫而无法抗拒地
徘徊在我的心灵，
把它融化为欣悦，
令人神往的诱惑，

---

① 选自吕同六《意大利二十世纪诗歌》，安徽文艺出版社，1993年版。

也好让热风能够带它
穿越无垠的大地
去到遥远的地方。
世界多么渺小，
多么轻巧
在你的纤手中。

【美国】安妮·塞克斯顿
赵琼 岛子 译

赞美我的子宫①

上帝惩罚夏娃,让她在怀孕和生产中经受痛苦。诗人反抗,用"我敢于生存"赞美女人的子宫。它不是你们嘲笑的"幽默的无底黑洞",它以"可爱的重量",赞美女人之身。它是欢乐的酒杯,是捂紧盖子的内孕富饶的容器,是田野的土壤,是女人的——灵魂。世上的妇女到处都在歌唱,在每一个时代播种。子宫,是人类繁衍的根蒂。让我们了解自己,明白女人在人间的位置,赞美我们自己,让我们唱响女人之歌。

安妮·塞克斯顿(1928~1974),美国自白派女诗人,以直言不讳表达人生体验而引人注目。自杀身亡,自称是"一个不羞于死的女人"。

我思想中的每个人都是一只鸟。
我拍打着两只翅膀
人们想把你剪掉
但绝不会得逞。
他们说你是幽默的无底黑洞
而你根本不这样。
他们说你病入膏肓
而他们的判断错了。
你却像学校里的小姑娘在欢唱。
你没有被拔掉。
可爱的重量,
为赞美我就是这个女人。

我就是这个女人的灵魂
我就是这个生命的主体和它的快感

---

① 选自赵琼、岛子译《美国自白派诗选》,漓江出版社,1987年版。

我为你歌唱。我敢于生存。
哦,灵魂。哦,酒杯。
扣紧的盖子,封住了容器的盖子。
哦,田野的土壤,
欢迎你,繁茂的根须。

每个细胞都有一个生命。
这里有足够的生命使一个民族兴盛。
百姓拥有丰富的物质,
任何人,任何国家都会这样说,
"今年太好了,
我们又可以种植并考虑未来的收获了
一场预测的枯萎病被驱怯了。"
许多妇女为此聚会狂歌:
一个是在鞋厂诅咒这里机器的妇女,
一个是在水族馆看管海豹的妇女,
一个是在她的福特牌汽车轮胎旁发呆的妇女,
一个是在收税卡把门收费的,
一个是在亚利桑那系牛蹄扣的,
一个是在埃及移动火炉上的锅罐的,
一个是在寝室墙壁刷白漆的,
一个是即将死去,但又想起一顿早餐的,
一个是伸展四肢躺在床上的泰国妇女,
一个是正在给孩子擦屁股的妇女,
一个是在怀俄明中部向列车外眺望的妇女,
任何地方的妇女
尽管某些人的语言不同
而实际上妇女们到处都在歌唱。

可爱的重量,
为赞美作为女人的我,
让我戴上十尺长的围巾,
让我为十九岁咚咚地敲鼓,
让我为这个祭品带上碗募捐,
(如果它是我的一部分)

让我来研究这种新血管组织,
让我来测量这颗流星的角距,
让我来吸吮花茎。
（如果那是我的一部分）
为了身体的必需品,
让我们唱吧,
为了这顿晚餐,
为了吻,
为了正确地说一声:
是的。

纯洁之美的精灵

【美国】爱伦·坡
怀宇 章蕴 译

致海伦①

历史上的美人，常常引发后人的相思，有人还会遗憾没有机会与那些美人生活在同一个时代，于是只好千年相思了。这种跨越时空的爱慕之情，意味着对永恒女性的渴望。坡在这里是借古希腊著名美人海伦来咏叹他见过的一位美人，借古喻今。全篇看似发思古之幽情，谁知隐藏着一个有血有肉的目的——文学的奇妙功能之一就在于此，它可以把海伦复印到真人身上，或者是把现实中的美人投射到传说中，让历史与文化来丰富现实。海伦的美貌，像一艘古老帆船，有典雅、高贵之意；船载着流浪汉——比如是奥德修斯吧——驶向故乡，象征她的美貌是活生生的，能够安放诗人的乡愁。你古典的面容在海面上浮现，诗人的想象力大胆无忌，让一个壁龛里的雕像复活，事情好像要弄假成真了，在诗人的呼唤下，海伦出现在你的眼前。看见活人了，她的背景自然是"希腊的荣耀""罗马的庄严"，美人的丽质把那片古老的乐土推到你的面前。眼前一片辉煌灿烂，海伦已不是海伦，那是一个神仙——人类灵魂之神，长着少女的容颜，"啊，普赛克，你从天国来"。

爱伦·坡（1809~1849），美国诗人、小说家。他把诗歌定义为"美的韵律式再现"，他的小说专写怪诞、恐怖悬念、推理，是心理小说的先驱。波德莱尔把他奉为精神领袖，尊他为"当代最强有力的作家"。后人评价他是美国本土文学的奠基者之一。

你的美貌对于我，
　　就像古老的尼色安帆船②，
它载着风尘仆仆疲惫的流浪汉，

---

① 选自华宇清编撰《金果小枝——外国历代著名短诗欣赏》，黑龙江人民出版社，1982年版。海伦，希腊神话中的美人，斯巴达王的妻子，被特洛伊王子诱走，因而引起特洛伊战争。

② 尼色安帆船（Nicéan bark），关于这种船的说法各异，主要是这字的发音悦耳，并具有一种古典的意味。

悠悠荡漾在芳馨的海上
驶向故乡的海岸。

你那紫蓝色的头发,古典的脸,
　　久久浮现在汹涌的海面,
你的仙女般的风姿,
　　把我引入昨日希腊的荣耀,
和往昔罗马的庄严。

嗨!我瞧你伫立在壁龛里,
　　英姿焕发,亭亭玉立,
手握一盏玛瑙灯。
　　啊,普赛克①,
你从天国来。

---

① 普赛克,希腊神话中以少女形象出现的人类灵魂之神。

纯洁之美的精灵

【圣卢西亚】沃尔柯特
晨雨 译

安 娜①

　　许多人专注于平面的生活，他的生存空间是可以按平方米计算的，除了他眼睛看得见的屋舍、田园，除了他足迹踏上过的街道、城市，他没有别的空间；他的生存时间是可以用时钟来计算的，他只懂得活在今天，他的想象力很少涉足遥远的过去和未来。其实，一个人可以拥有一种立体的生活，当我们不只是用肉体，而且用灵魂在生活的时候，人的心灵所能容纳的世界是没有边际的，当它穿梭古今、漫游在人类所创造出来的精神空间，在生命中自由轻翔的时候，人就把自己有限的生命投入到滔滔不尽的时间之流，在短暂中体验到永恒。

　　由平面折向立体生活的最方便的秘密通道，就是书籍。除了大地上留存的化石和遗迹，书籍是人类记忆的最重要的物证（如果不是唯一的话），而且是由无数代人有意识地保存下来的记忆。它们构建了人类的第二生活，比专注现实的平面生活丰富得多的立体生活。当我们阅读书籍的时候，我们就是在重新经历书中的生活，无量数的书籍，为我们提供了无量数的生活。

　　以女性为例，当你把多愁善感、弱不禁风的女子称作林黛玉，当你把历尽磨难、痛不欲生的女子当作祥林嫂或苔丝，当既妖媚又强悍的女子令你想起克丽奥佩特拉或者武则天，当慈祥博爱的女子令你想起圣母、观音、德兰修女，当你把爱欲初醒的女子看作苏小小或查太莱夫人，当你以"燕瘦环肥"来评定眼前的女性，当你把飘忽若梦、苦追不得的女子叫作洛神、巫山神女，当你欣赏爱慕的女子是巾帼不让须眉的柳如是，是婉转可人患难与共的董小婉，是灵性聪慧的李清照、伍尔夫、狄金森，是善良坚贞的简·爱、芸娘、爱洛伊丝……那么，你就在用一种"立体的目光"看待生活。这时的你，除了活在现实中，还活在历史中、书籍中、文化中，活

---

① 选自飞白主编《世界诗库》，花城出版社，1994年版。标题为编者所拟，原题《另一生》。该诗是叙事长诗《另一生》的节选。

在立体的生活中,你轻巧地滑翔在人类所造就的精神空间,那个世界是多么广阔!现在,有一位诗人用"立体的目光"投向安娜·卡列尼娜,他的世界发生了怎样的变化?

生活在20世纪的诗人,梦见了托尔斯泰笔下的生活在19世纪的安娜。在一个忧郁的雨晨醒来,梦中依稀的安娜的脸尚未消失,眼前呈现的却是一群陌生女生的脸,我能亲眼看见、亲身接触的就是这么一群安娜!我错过了与你凝眸相视的命运,这是时间对我的惩罚。而你如此高贵地对命运屈尊一笑,你的微笑是对世人的宽恕、对生活的谅解,还有——对我的精神之恋的默许。就这样,诗人仿佛用了催眠术,寥寥数句的开篇,就把书中的安娜召唤进了我们的时代生活。小说不再是虚构故事,小说已经变成了真实生活。然后,满篇都是诗人对安娜的喃喃独白:你的离经叛道,虽然招致了姐妹们的围攻,可她们心里都为你骄傲,只是没有你的勇气和单纯。我们身负重压的生活像这雨季一样疲惫不堪,战火令世界变成一个虚假的秋天,满地焦黄,却无法收获。你的眼神曾在无数的女子脸上闪烁,却在生活的漩涡里,纷纷被冻结成呆板的照片。你的秀发与俄罗斯的麦地一般颜色,穿过你的秀发能到达我的心灵的故乡。安娜,你是一个受难的美神。今天活着、爱着的恋人,"让我们向她的乳房起誓,她的眼睛清澈无比"。"我从某部小说的书页中找到了生活",比现实中的你更真切,安娜,已被选为我命中注定的女主人公。

本诗选自作者的自传性叙事长诗《另一生》的第十五章第一节。标题为编者所拟。一个人,除了肉体的一生,应该还有精神的一生,这大约就是"另一生"。

在拉丁美洲加勒比海东端,有一个12万人口的岛国圣卢西亚,它的诗人沃尔柯特(1930年生)1992年因"他的作品具有巨大的启发性和广阔的历史视野,是其献身多种文化的结果"而获得诺贝尔文学奖。另一位诺贝尔文学奖得主布罗茨基称他是"当今英语世界中最好的诗人"。

依旧梦见、依旧错过,
尤其在阴雨绵绵的早晨,你的面孔变作
许多张不知名的女学生脸,一种惩罚,
因为有时你屈尊地微笑,
因为微笑的嘴角里含着谅解。

被姐妹们围攻,你是一个
令她们过于自豪的尤物,包围在

她们唇枪舌剑的刺丛中,你招致了
多么严重的不公和多少伤害,安娜?

雨季负重而来。
这倦旅的半年。它腰酸背痛。
毛毛雨讨厌地下个不停。

已经二十年了,
在又一场战争后,炮弹箱在哪儿?
但在我们黄铜色的季节,在我们仿造的秋天,
你的头发熄灭了它的火焰,
你的凝视逗留于无数照片中,
时而清晰,时而模糊,
那追随普遍性的一切
与自然密谋复仇的一切,
巧妙地告密的一切,
在再一行后面,你的欢笑
冻结成一张呆板的照片。

在那头发里我可以穿越俄罗斯的麦地,
你的手臂是成熟坠落的梨,
因为你,实际上,已变成另一故乡。

你是麦田和河坝的安娜,
你是绵绵不断冬雨的安娜,
烟雾缭绕的月台和寒冷火车的安娜,
在那场离别的战争中、蒸汽腾腾车站的安娜,

从沼泽边消失,
从细雨下皱起鸡皮疙瘩的浅滩消失,
新手的诗刚冒芽就经风霜的安娜,

如今有着丰美乳房的安娜,
逗留在沐浴者微笑顶针中的
粗粝之盐的
长腿蹒跚的火烈鸟的安娜,

暗屋里的安娜,在冒着火药味的炮弹箱之间,

抬起我的手要咱俩对她的胸发誓，
难以抗拒的清澈的眼睛。

你是这所有的安娜，忍受着所有的告别，
在你身体这愤世嫉俗的栖所中，
克里斯蒂、卡列尼娜，骨骼粗大而顺从，

我在小说之叶中发现生活
比你更真实，已被选为他在劫难逃的
女主人公。你知道，你知道。

附诗：神秘的和歌

【德国】歌德
梁宗岱 译

　　一切消逝的
　　不过是象征；
　　那不美满的
　　在这里完成；
　　不可言喻的
　　在这里实行；
　　永恒的女性
　　引我们上升。

【古罗马】无名氏
飞白 译

对维纳斯的夜祷①

　　维纳斯（希腊名阿芙洛狄忒）是古希腊神话中爱与美的女神。对维纳斯的夜祷，自然是祈祷爱情。诗篇借春天和神话来鼓动爱情，洋溢着一派让世界充满爱的热情，基本意思是：春天来了，一切都在爱着，你也爱吧。诗句比喻新鲜，情绪奔放，一片天真烂漫和盎然生机跃然纸上。诗篇是无名氏所作，大约出现在2世纪初古罗马人对维纳斯崇拜的高潮时期。

愿未爱过者明天就爱，
　　愿爱过者明天也爱！

新春在欢唱，世界在春日诞生；
春天里爱情谐和，鸟儿成双，
婚恋的喜雨使树林披散青丝。
明天②配对之神要在林荫里
用桃金娘树枝编织葱茏的房；
明天狄奥涅③要升殿宣布法律。

愿未爱过者明天就爱，
　　愿爱过者明天也爱！

在这一天，从天上滴落的血里，
在湛蓝的海马和双脚马之间，
狄奥涅在海浪泡沫中诞生。

愿未爱过者明天就爱，

---

① 选自飞白译《古罗马诗选》，花城出版社，2001年版。
② 指崇拜爱神维纳斯的节日，可能是4月1日。
③ 据神谱的说法，狄奥涅是维纳斯之母，但在此诗和大部拉丁诗中与维纳斯混同为一。

愿爱过者明天也爱！

她亲自用花的珠宝染红春色；
亲自用西风催幼芽的乳头
焕发出温馨；当夜风拂过，
又亲自洒下晶莹潮润的露水。
闪光的珠泪呀颤抖着低垂；
露珠欲滴还留，保持着浑圆。
看哪，花儿的红艳露出了娇羞！
繁星把湿润洒入晴夜，到黎明
从湿袍里释放出处女的乳头。

她亲自令玫瑰在朝露里成婚——
本来是维纳斯的血和爱之吻
加上宝石、火和太阳朱色制成，
明天面对仅此一次的良缘，新娘
不羞于揭露秘藏衣下的娇红。

愿未爱过者明天就爱，
　　　愿爱过者明天也爱！

女神亲令仙女们去桃金娘林，
伴随仙女们的，还有个小儿郎①，
假如他带着箭，爱神就没休假。
"仙女们放心：爱神放假不带武器！

他奉命解除武装，裸体前往，
免得他用弓箭或火种伤人。
不过仙女们当心：丘比特很美——
当爱神裸体，他恰是全副武装。"

愿未爱过者明天就爱，
　　　愿爱过者明天也爱！

"维纳斯把守贞的少女都送给你

---

① 指小爱神丘比特。

德洛斯①的处女,我们劝你退位!
让森林免遭狩猎杀戮的玷污,
让花草在林荫下免遭踩躏。
维纳斯会自己来劝你随和开通。
如你觉得适宜,她也请你光临,
三夜节庆期间,你会看到人群
载歌载舞流经你的林中空地,
在花冠和桃金娘凉亭之间。
刻蕾斯、巴科斯和诗人之神②
都到了,人们欢唱通宵达旦:
狄奥涅统治森林!狄安娜让贤!"

愿未爱过者明天就爱,
　　　愿爱过者明天也爱!

女神将在绪布拉③花间升堂,
亲自断案,美惠女神分列两旁。
绪布拉,快献出你全年的花朵,
绪布拉,快披上你遍野的花袍!
少女们从农村、从泉边、从山林
齐集于此,长翅膀男孩的母亲
会叫她们坐在身边,嘱咐她们:
不可轻信哪怕是裸体的爱神。

愿未爱过者明天就爱,
　　　愿爱过者明天也爱!

明天是以太④初次成婚纪念日,
作为父亲,他靠春云使全年受孕,
新郎之雨流入丰饶的妻子怀里,
与宽广之怀混合而滋养后裔。
创造之母用她渗透一切的生命

---

① 指狄安娜,贞洁和狩猎的女神。
② 谷物女神、酒神和日神阿波罗。
③ 西西里岛埃特纳火山的南麓。
④ 以太是天空大气之神,与大地结婚。

以内在伟力统治血脉和心灵;
通过天空、陆地和下面的海
她坚持不懈浸润种子生长之路,
并把传代之道教给全世界。

愿未爱过者明天就爱,
　　　愿爱过者明天也爱!

女神把特洛伊后裔①嫁接于拉丁,
她把劳伦土姆的女郎收作儿媳②,
把小庙的贞女送给战神玛尔斯③,
让罗慕路斯子弟与萨宾联姻④,
从而生出拉姆内人、奎利特人
及光荣后代——恺撒和他的侄子⑤。

愿未爱过者明天就爱,
　　　愿爱过者明天也爱!

村野在维纳斯爱抚下苏醒;
狄奥涅之子小爱神也生在乡村。
当田野阵痛时,她亲自抱起他,
哺育他,用柔美的花之吻。

愿未爱过者明天就爱,
　　　愿爱过者明天也爱!

看,公牛们安卧于金雀花下,
无不受到牢靠的婚姻保障!
树荫里,咩咩羊群也伴着夫郎!
女神令百啭的鸟儿不要沉默,
沙哑的天鹅也在池塘里喧嚷;

---

① 维纳斯与特洛伊王子安奇塞斯所生的埃涅阿斯。
② 埃涅阿斯来到意大利后,与劳伦土姆地方的拉薇妮亚结婚。
③ 据传说,伊莉亚本是阿尔巴隆加公主,其叔篡位后,送伊莉亚当女祭司,以绝其嗣。不料伊莉亚为战神玛尔斯生下一对双生子罗慕路斯和雷穆斯。其叔发现后弃双婴于河中,却又被母狼哺乳养大,成为罗马城的奠基人。
④ 罗慕路斯率众抢萨宾族的女子和罗马人成婚,结果两个部族成了姻亲。
⑤ 恺撒的侄子即奥古斯都。

忒柔斯之妻①在白杨荫中唱歌,
使你觉得她在唱情歌,不觉得
她在为妹妹控诉野蛮的丈夫。
她唱,我沉默:我的春天何时来?
何时我才能像燕子重新歌唱?
我因沉默而失去了缪斯,福玻斯②
也不眷顾我;正像阿米克莱城③
当众人沉默时,因沉默而亡。

愿未爱过者明天就爱,
　　愿爱过者明天也爱!

---

① 指普洛克涅所化的燕子。希腊神话:普洛克涅嫁色雷斯王忒柔斯,忒柔斯奸污妻妹菲洛美拉,又为防其揭发而割其舌。普洛克涅知情后杀子作为报复,后姐妹分别化为燕子和夜莺。

② 即日神阿波罗。

③ 阿米克莱城数次因假警报引起恐慌后,通过了禁止散布警报扰乱人心的法律。后来敌人来犯,该城因无警报而亡。

【俄国】叶赛宁
丁鲁 译

波斯抒情①

青春的躁动是不可阻挡的,爱情是如此地令人向往,当没有具体的爱慕对象时,诗人甚至会假想一个对象来寄托那无处宣泄的满腔深情。所谓"莎嘉奈",就是诗人虚拟的波斯情人。诗句回环重叠,情绪如潮,一浪高过一浪,有余音绵延之美。虚拟抒情,这是豆蔻年华的少男少女常干的事啊。

莎嘉奈啊,莎嘉奈,我的姑娘!
也许是因为我来自北方,
我想要谈谈那田野的宽广,
谈谈那月光下起伏的麦浪。
莎嘉奈啊,莎嘉奈,我的姑娘!

也许是因为我来自北方,
那里连月光也百倍明亮。
设拉子②这地方不管有多美啊,
美不过梁赞的沃野茫茫。
也许是因为我来自北方。

我想要谈谈那田野的宽广,
黑麦田哺育我鬈发长长。
你可以随意把它绕在你指上——
我也绝不会感到痛伤。
我想要谈谈那田野的宽广。

---

① 选自莫家祥、高子居编《西方爱情诗选》,漓江出版社,1981年版。
② 波斯城市名。

谈谈那月光下起伏的麦浪。
瞧我的鬈发——正像它一样。
欢谑吧,微笑吧,亲爱的姑娘,
可是你千万别引我回想——
回想那月光下起伏的麦浪。

莎嘉奈啊,莎嘉奈,我的姑娘!
还有个少女啊,远在北方。
那人儿和你是如此相像,
她也许正凝神把我遥想……
莎嘉奈啊,莎嘉奈,我的姑娘!

【俄国】伊萨科夫斯基
集体 译

红莓花儿开①

情窦初开的女孩儿把自己藏进一则谜语,让男孩猜。
伊萨科夫斯基(1900~1973),俄国诗人,他的许多诗被谱成歌广为流传。

田野小河边红莓花儿开,
有一位少年真使我心爱,
可是我不能对他表白,
满怀的心腹话儿没法讲出来!

他对这桩事情一点儿不知道,
少女为他思恋,天天在心焦,
河边红莓花儿已经凋谢了,
少女的思恋一点儿没减少!

少女的思恋天天在增长,
我是一位姑娘,怎么对他讲,
没有勇气诉说,我尽在彷徨,
让我们的心上人自己去猜想!

---

① 选自莫家祥、高子居编《西方爱情诗选》,漓江出版社,1981年版。

【中国】纪弦

你的名字①

惠特曼曾经认真地问："你的名字除了两三种读法，难道就没有别的意思了吗？"看来是有的，纪弦的感觉是：你的名字是魔术师的咒语，只要念叨那几个音节，我的心就狂跳不已；而我玩的就是心跳，偏偏要不停地念叨你的名字，当然是轻轻地，否则心脏受不了。相思令人醉，你的名字就是一坛醇酒，不可一日无此君，但只宜浅斟慢饮。

用了世界上最轻最轻的声音，
轻轻地唤你的名字每夜每夜。

写你的名字。
画你的名字。
而梦见的是你的发光的名字：

如日，如星，你的名字。
如灯，如钻石，你的名字。
如缤纷的火花，如闪电，你的名字。
如原始森林的燃烧，你的名字。

刻你的名字！
刻你的名字在树上。
刻你的名字在不凋的生命树上。
当这植物长成了参天的古木时，
啊啊，多好，多好，
你的名字也大起来。
大起来了，你的名字。

---

① 选自《中国现代抒情短诗一百首》，上海文艺出版社，1981年版。

亮起来了,你的名字。

于是,轻轻轻轻轻轻地唤你的名字。

【智利】米斯特拉尔

赵振江 译

羞 愧①

  中国古人云：女为悦己者容。米斯特拉尔说：心生了爱意，女孩儿会对自己的容貌鸡蛋里挑骨头，甚至感到难言的羞愧。因为初恋的女孩儿，想让对方看见完美无瑕的自己。可是不要紧呀，"假如你看着我，我会变得漂亮！"爱情能使人变美，据说还有科学依据呢。

假如你看着我，我会变得漂亮，
就像露水珠滴在小草上。
我神采奕奕，走到小河旁，
高高的芦苇将认不出我的模样。

我的口形丑陋，我的五音不全，
我的膝盖粗糙，我感到难堪。
如今你看上了我，来到我面前，
抚摩自己的躯体，我感到自己可怜。

在黎明的路边，你一定会发现：
没有哪一块石子比她更暗淡，
因为听到了这女人的歌声，
你便向她抬起了自己的视线。

为了平原上的行人看不出我的心情，
我将保持沉默，一声不吭，
只让这幸福在粗糙的前额上闪烁，
在我的手上颤动……

---

① 选自米斯特拉尔《柔情》，赵振江、陈孟译，漓江出版社，1981年版。

夜色茫茫，露珠儿落在草上，
你久久地注视着我，深情地倾诉衷肠，
等到明天，再到小河旁，
你吻过的人儿会变得非常漂亮！

【意大利】但丁
飞白 译

我的恋人如此娴雅①

那一天，少年但丁在佛罗伦萨的一座桥头，邂逅了少女贝亚特丽齐，独自坠入爱河。后来，少女不幸逝世，但丁在痛苦中写诗抒怀，结集为《新生》，诗人一举成名，失去的恋情造就了一位杰出的诗人。又后来，诗人成家生子，却终生怀恋着初恋情人，在天长日久的怀念中，贝亚特丽齐逐渐变得高远、圣化，最终成为理想和美德的化身。再后来，但丁创作百科全书式的巨著《神曲》，勾勒出一个人所未知的神秘世界，试图在诗歌中重构世界秩序，诗人在地狱、炼狱和天堂漫游，做向导的就是贝亚特丽齐。听了这样升天入地的爱情故事，你，叹息吧。

但丁（1265~1321），意大利民族文学的奠基人，欧洲文艺复兴的先驱。

我的恋人如此娴雅如此端庄，
当她向人行礼问候的时刻，
总使人因舌头发颤而沉默，
双眼也不敢正对她的目光。
她走过，在一片赞美的中央，
但她全身却透着谦逊温和，
她似乎不是凡女，而来自天国，
只为显示神迹才降临世上。

她的可爱，使人眼睛一眨不眨，
一股甜蜜通过眼睛流进心里，
你绝不能体会，若不曾尝试过它：
从她樱唇间，似乎在微微散发
一种饱含爱情的柔和的灵气，
它叩着你的心扉命令道："叹息吧！"

---

① 选自飞白主编《世界诗库》，花城出版社，1994年版。

【印度】泰戈尔
董友忱 译

羞 怯①

有时候,对待一份爱的心情,就像手捧一件绝世的瓷器,小心翼翼,微微战栗,这就是羞涩的缘由了。

泰戈尔(1861~1941),出身地主,留学英国,回国后居住乡间专事创作,一生写作了五十多部诗集、十二部长篇小说、一百余篇短篇小说、二十多部戏剧。1913年以《富于高贵、深远的灵感》获诺贝尔文学奖。

如果你不赞成,
那我就不再歌唱。
如果你感到羞怯,
那我就不想再开腔。
你秘密编织的花环,
如果突然破碎,
那我就不再走向
你那鲜花盛开的林莽。
如果你不赞成,
那我就不再歌唱。
如果你突然中途而止,
那我就会惊愕地从事别的行当。
如果在你的河边
波涛汹涌,
那我的小船就无法出航。
如果你不赞成,
我就不再歌唱。

---

① 选自华宇清编撰《金果小枝——外国历代著名短诗欣赏》,黑龙江人民出版社,1982年版。

【印度】泰戈尔
冰心 译

园丁集① （4首）

泰戈尔的情诗像一场盛装演出的戏剧，其中的人物都沉浸在某种作者设定的恋爱情景之中，他们不用日常的语言交流，用的全是华丽的戏剧语言。如果配以印度民族音乐，那像牛皮糖一样柔韧绵长的旋律烘托着甜滋滋的情话，读者就可以体会一种陌生的美感，一种仿佛用某种似曾相识的、因为久已不用而有些模糊的外语来抒情的感觉。

15

我像麝鹿一样在林荫中奔走，为着自己的香气而发狂。
夜晚是五月正中的夜晚，清风是南国的清风。
我迷了路，我游荡着，我寻求那得不到的东西，我得到我所没有
　　寻求的东西。

我自己的愿望的形象从我心中走出，跳起舞来。
这闪光的形象飞掠过去。
我想把它紧紧捉住，它躲开了又引着我飞走下去。
我寻求那得不到的东西，我得到我所没有寻求的东西。

24

不要把你的秘密藏起，我的朋友！
对我说吧，秘密地对我一个人说吧。
你这个笑得这样温柔、说得这样轻软的人，我的心将听着你的语言，不
　　是我的耳朵。
夜深沉，庭宁静，鸟巢也被睡眠笼罩着。

---

① 选自华宇清编《吉檀迦利——泰戈尔散文诗选》，浙江文艺出版社，1991年版。

从踌躇的眼泪里,从沉吟的微笑里,从甜柔的羞怯和痛苦里,把你心的秘密告诉我吧!

27

"即使爱只给你带来了哀愁,也信任它。不要把你的心关起。"

"呵,不,我的朋友,你的话语太隐晦了,我不懂得。"

"心是应该和一滴眼泪、一首诗歌一起送给人的,我爱。"

"呵,不,我的朋友,你的话语太隐晦了,我不懂得。"

"喜乐像露珠一样地脆弱,它在欢笑中死去。哀愁却是坚强而耐久。让含愁的爱在你眼中醒起吧。"

"呵,不,我的朋友,你的话语太隐晦了,我不懂得。"

"荷花在日中开放,丢掉了自己的一切所有。在永生的冬雾里,它将不再含苞。"

"呵,不,我的朋友,你的话语太隐晦了,我不懂得。"

28

你的疑问的眼光是含愁的。它要追探了解我的意思,好像月亮探测大海。

我已经把我生命的终始,全部暴露在你的眼前,没有任何隐秘和保留。因此你不认识我。

假如它是一块宝石,我就能把它碎成千百颗粒,串成项链挂在你的颈上。

假如它是一朵花,圆圆小小香香的,我就能从枝上采来戴在你的发上。

但是它是一颗心,我的爱人。何处是它的边和底?

你不知道这个王国的边极,但你仍是这王国的女王。

假如它是片刻的欢娱,它将在嬉笑中开花,你立刻就会看到、懂得了。

假如它是一阵痛苦,它将融化成晶莹眼泪,不着一字地反映出它最深的秘密。

但是它是爱,我的爱人。

它的欢乐和痛苦是无边的,它的需求和财富是无尽的。

它和你亲近得像你的生命一样,但是你永远不能完全了解它。

【德国】歌德
郭沫若 译

维特与绿蒂①

《少年维特之烦恼》是歌德创作的著名的青春小说。少年维特爱上了少女绿蒂,而绿蒂已是名花有主,故事以维特失恋自杀作结。少年男女的初恋情怀在书中表现得细腻动人。这部小说的序诗,肯定了爱是青年的天性,而且是"人性中的至圣至神",但最美丽的爱怎么会导致最恐怖的死呢?小说采用的是书信体的叙述方式,所以作者让主人公告诫读者:"请做个堂堂男子汉哟,不要步我后尘。"奇怪的是,小说流行之日,偏偏有少年读者模仿维特的方式自杀。

歌德(1749~1832),德国文学"狂飙运动"的代表诗人,是继荷马、但丁、莎士比亚之后欧洲最伟大的诗人,一个文化巨人。

青年男子谁个不善钟情?
妙龄女人谁个不善怀春?
这是我们人性中的至圣至神;
啊,怎么从此中会有惨痛飞迸?

可爱的读者哟,你哭他,你爱他,
请从非毁之前救起他的名闻,
你看呀,他出穴的精魂正在向你耳语:
请做个堂堂男子哟,不要步我后尘。

---

① 选自诗刊社编《世界抒情诗选》,春风文艺出版社,1983年版。

【古希腊】萨福
周煦良 译

给所爱①

当你爱慕的人爱上了别人——这种事情常常发生；当你参加他们的婚礼——这是怎样的地狱；当他拥着她快乐似神仙——你会痛苦如魔鬼；当他把她带走了——你的心就开始流浪。

萨福（前610~前580？），古希腊杰出的女诗人，也是全世界最早的女诗人。后人仅见到她的一些残章断句，就对她的诗歌表现出来的韵律美和激情美俯首称臣，认可她是"人类历史上最伟大的艺术家"。萨福出身贵族，她的生活方式独特，召集色艺俱佳的少女组成一个崇拜阿芙洛狄忒女神的诗社，模拟爱情游戏，赋诗演出。自己充当领袖和教师，是爱神与未婚少女之间的传话人。本诗可以理解为对爱情中的某种特殊情景的模拟咏叹（也有人说它是写给一位即将出嫁的女弟子的同性恋之歌）。诗中最有特色的是客观描写了失落的爱情带来的生理冲击，有一种原始的质感，斯达尔夫人说："这种不自觉的诗情的迸发，正因为它是不自觉的，所以具有后代学者所不能企及的力量和纯朴；那是初恋的魅力。"

他就像天神一样快乐逍遥，
他能够一双眼睛盯着你瞧，
他能够坐着听你絮语叨叨，
　　好比音乐。

听见你笑声，我的心就会跳，
跳动得就像恐怖在心里滋扰；
只要看你一眼，我立刻失掉
　　言语的能力；

---

① 选自莫家祥、高子居编《西方爱情诗选》，漓江出版社，1981年版。

舌头变得不灵；噬人的热情
像火焰一样烧遍了我的全身；
我眼前一片漆黑；耳朵里雷鸣；
　　头脑轰轰。

我周身淌着冷汗，一阵阵微颤
透过我的四肢；我的容颜
比冬天草儿还白；眼睛里只看见
　　死和发疯。

【英国】莎士比亚
屠岸 译

你跟你明亮的眼睛订了婚[1]

总而言之,你不爱我,简直是对地球资源的浪费。

我们要美丽的生命不断繁滋,
能这样,美的玫瑰才永不消亡,
既然成熟的东西都不免要谢世,
优美的子孙就应当来承继芬芳;
但是你跟你明亮的眼睛订了婚,
把自身当柴烧,烧出了眼睛的光彩,
这就在丰收的地方造成了饥馑,
你是跟自己作对,教自己受害。
如今你是世界上最鲜艳的珍品,
只有你能够替灿烂的春天开路,
你却在自己的花蕾里埋葬了自身,
温柔的怪物啊,用吝啬浪费了全部。
　　可怜这世界吧,世界应得的东西
　　别让你和坟墓吞吃到一无所遗!

---

[1] 选自莎士比亚《十四行诗集》,屠岸译,上海译文出版社,1981年版,标题为编者所拟。

【英国】马韦尔
辜正坤 译

致羞涩的姑娘①

为了获取一颗芳心,看诗人如何花言巧语。开篇的语气优雅恭敬,像一个彬彬有礼的绅士。接下来的情调被暗中偷换,空间神速地扩大,从幽会的花园扯到印度恒河之畔;时间被无限拉长,从上古洪荒到世界末日。诗人愿意用一个世纪欣赏情人的一寸肌肤。语气依然是彬彬有礼的,但在越来越离谱的夸张中悄悄捎带了嘲讽。突然语调一变,由轻柔的调侃转为正色训导:时间的车轮追赶,前面是永恒的荒漠。人生不满百,常怀千岁忧。活着不能相爱,死了如何相拥相抱?当一切化为乌有,岂不白活了一场?于是,语调再变为哀求,终变为诱惑、鼓动,让青春之火燃烧吧,与其被时间慢吞吞地咀嚼而枯凋,不如把时间一口吞掉。最后突发奇想:让我们的爱情团成一球,用欢乐去撞破生活的铁门,既然太阳不会为我们停留,我们何不让它更快地转动?

马韦尔(1621~1678),英国玄学派诗人。

假如我们有足够的时间和地方,
这点忸怩并不算罪过,我的姑娘。
我们可以坐下来仔细思量
该到哪里漫游,好打发这漫长的爱的时光。
你尽可以在印度恒河畔寻找宝石,
而我则面对家乡亨伯河的波涛,
倾诉我百折的柔肠。
我会从上古洪水之前十年就开始爱你,
而你只要愿意也可以拒绝坠入情网
一直到犹太人皈依了基督教时也无妨。

---

① 选自辜正坤主编《外国名诗三百首》,北京出版社,1999年版。

我这植物般缓慢生长的爱情
悠久，超过历代王朝；广阔，越过万国边疆。
我要用一百年来把你的美目赞美，
用一百年来把你的前额歌唱。
我要用两百年来欣赏你的一个乳房，
用三万年来欣赏别的地方。
爱慕你的每一个地方都要花上一个时代，
一直到最后一个时代才进入你的心房。
小姐，你配得上这种殊荣，
我岂能自贬身价过早如愿以偿。

但是我总听到时间的车轮，
在我背后发出急促的声响，
而横亘在我们前面的
却是永恒的茫茫大荒。
你的美貌将不复存在，
你那墓穴大理石的拱壁中
再不会有我的歌声回响。
尸虫会光顾你长保的童贞，
你那矜持会化为乌有，
我的情欲也会烧得精光。
坟墓虽则是个清静舒适的处所，
却没有人会在那里相对吐诉衷肠。

呵，姑娘，趁你冰晶玉洁的肌肤
宛如朝露映着晨光，
趁你心中的痴情如火焰熊熊
把每个毛孔烧烫，
让我们尽情地把快乐分享，
如同恋情勃发的飞禽
把时间一股脑儿吞下，
免得反在他的巨腭中委顿消亡。
让我们把所有的柔情，所有的力量，
压制成一枚球形弹，

穿过人生的重重铁门
把快乐一举夺到我们手上。
这样我们虽不能使太阳裹足不前，
却可以逼迫它向前猛闯。

【英国】多恩
黄杲炘 译

跳 蚤①

这真是奇谈怪论,却显得顽皮可爱。虽然是胡搅蛮缠,却难为他奇思妙想。

多恩(1572~1631),英国玄学派诗人。喜欢把科学思维引入诗歌,比喻新奇,别有风味。有诗集《艳情诗与神学诗》。约翰逊博士说他"把杂七杂八的想法用蛮力硬凑在一起",艾略特则认为他"将思想与感觉化为一体……一朵玫瑰在他不是一个概念而是一种感觉"。

  只需看这跳蚤就能知道,
我被你拒绝的事有多么渺小;
  它先叮了我,眼下叮了你,
于是我俩的血混在这跳蚤里;
  你得承认,这说不上是
罪过、耻辱,或者贞操的丧失——
     尽管它求爱前得此享受,
凭我俩合成的血它吃饱撑足;
同它这做法比呀,我俩远不如。

  住手,饶这跳蚤的三条命;
凭了它,我们比结过了婚还亲:
  这跳蚤不仅就是我们俩,
还是容我们成婚的圣殿和床;
  我们虽遭你父母和你反对
仍在这活生生黑玉围墙中幽会②。

---

① 选自黄杲炘译《英国抒情诗选》,上海译文出版社,1997年版。
② "黑玉围墙"指跳蚤的身体。

虽说凭习惯你会杀死我,
请别犯一杀三个的三重罪过——
这无异是你自杀和亵渎圣所。

　　你不是已猛地狠心一掐,
让无辜的血染红你长长指甲?
　　除了吮过你一点点的血,
这跳蚤还能够造下什么罪孽?
　　现在你得意扬扬,说是我
和你没因被它叮一口而孱弱;
　　　　　对,所以你担心得没道理;
你若答应我,贞洁上所受的损失
不过这死跳蚤吮过你的那一滴。

【德国】海涅
冯至 译

宣 告①

爱情着了火,森林要遭殃,夜空成了留言板,向全世界做广告。

暮色朦胧地走近,
潮水变得更狂暴,
我坐在岸旁观看
波浪的雪白的舞蹈,
我的心像大海一样膨胀,
一种深沉的乡愁使我想望你,
你美好的肖像,
到处萦绕着我,
到处呼唤着我,
它无处不在,
在风声里,在海的呼啸里,
在我的胸怀的叹息里。

我用轻细的芦管写在沙滩上:
"阿格内丝,我爱你!"
但可恶的波浪
打在这甜美的自白上,
把它消灭。

折断的芦管、冲散的沙粒、
泛滥的波浪,我再也不信任你们!
天色更暗,我的心更热狂,

---

① 选自冯至译《海涅诗选》,人民文学出版社,1956年版。

我用强大的手,从挪威的树林里,
拔下最高的枞树,
把它插入爱特纳①的火山口,
用这样蘸着烈火的笔头
写在黑暗的天顶:
"阿格内丝,我爱你!"

从此这永不消灭的火字
每夜都在那上边燃烧,
所有的后代子孙
都欢呼着读这天上的字句:
"阿格内丝,我爱你!"

---

① 欧洲最大的火山,在西西里岛上。

【法国】普列维尔
高行健 译

公园里①

有事情发生了,一件惊天动地的事情,在地球的巴黎,在巴黎的蒙苏利公园,在公园的长椅上,在我们相识后的某一天,在我们的青春岁月,在我们的人生中,有一件巨大的事情发生了:你,吻了我;我,吻了你……

初吻,的确不是一件小事情。它是企图在相爱的瞬间触摸到生命的永恒。

普列维尔(1900~1977),用朴素的现代口语写诗,引用电影和绘画技巧,让诗句插上歌声的翅膀,是本世纪法国最受民众喜爱的诗人歌词作家。

  一千年一万年
   也难以
    诉说尽
  这瞬间的永恒
   你吻了我
    我吻了你
  在冬日朦胧的清晨
  清晨在蒙苏利公园
   公园在巴黎
  巴黎是地上一座城
  地球是天上一颗星

---

① 选自诗刊社编《世界抒情诗选》,春风文艺出版社,1983年版。

【美国】狄金森
江枫 译

如果你能在秋季来到①

相思容易解决，不必为伊消得人憔悴。相思的障碍不就是时间吗？这好办——把多余的日子像赶苍蝇一样掸掉，把月份揉成团塞进抽屉，把世纪一个个扔进大海。如果空间也成了我们相思的障碍，也不麻烦——有七里靴、风火轮、嫦娥奔月。可是，我不知道我们相隔到底有多长、有多远，前缘未卜让我隐隐作痛、郁郁不欢。

如果你能在秋季来到，
我会用掸子把夏季掸掉，
一半轻蔑，一半含笑，
像管家妇把苍蝇赶跑。

如果一年后能够见你，
我将把月份缠绕成团——
分别存放在不同的抽屉，
免得，混淆了日期——

如果只耽搁几个世纪，
我会用我的手算计——
把手指逐一屈起，直到
全部倒伏在亡人国里。

如果确知，聚会在生命——
你的和我的生命，结束时——
我愿意把生命抛弃——
如同抛弃一片果皮——

---
① 选自江枫译《狄金森诗选》，湖南人民出版社，1984年版。

但是现在难以确知
相隔还有多长时日——
这状况刺痛我有如妖蜂——
秘而不宣,是那毒刺。

【苏联】西蒙诺夫

苏杭 译

等着我吧……①
—— 献给B.C.

  爱情的坚贞，在等待中闪光。守候是河蚌含珠似的痛苦煎熬，是对爱情崇高与人性高贵的双重证明。由于坚信，由于深情，相爱的人才会苦苦等待。诗人用祈求和劝说的语气呼唤爱人，并且细致体贴地为爱人设想了各种令人动摇的情景，一唱三叹地倾诉柔肠："等着我吧"。诗的结尾意境上升——爱情可以战胜死神，因为你善于等待，我将死里逃生，平安回来。这首诗在苏联卫国战争期间广为流传，深受战士们的喜爱，据说前线的士兵和后方的妇女都把这首诗当成护身符放在贴心的口袋里。诗人自白："当时我在西部战场，在行军的战车中、掩蔽所里写了许多诗，其中包括这首献给远方爱人的《等着我吧》……因为它表述了千千万万战士内心深处的思想感情：亲人朋友在等待着他们，而他们又理当被等待。这种等待可以减轻战争对他们的重压，这种等待有时会挽救他们的生命……"诗中副题注明，这首诗原本是献给自己的妻子——影星谢罗娃的，然而，"她却不会等待"。此事古难全。

  西蒙诺夫（1915~1979），苏联诗人。

  等着我吧——我会回来的。
  只是你要苦苦地等待，
  等到那愁煞人的阴雨
  勾起你的忧伤满怀，
  等到那大雪纷飞，
  等到那酷暑难挨，
  等到别人不再把亲人盼望，
  往昔的一切，一股脑儿抛开。

---

① 选自莫家祥、高子居编《西方爱情诗选》，漓江出版社，1981年版。

等到那遥远的他乡
不再有家书传来，
等到一起等待的人
心灰意懒——都已倦怠。

等着我吧——我会回来的，
不要祝福那些人平安：
他们喋喋不休地说——
算了吧，等下去也是枉然！
纵然爱子和慈母认为——
我已经不在人间，
纵然朋友们等得厌倦，
在炉火旁围坐，
啜饮苦酒，把亡魂追念……
你可要等下去啊！千万
别同他们一起，
忙着举起酒盏。

等着我吧——我会回来的：
死神一次次被我击败！
就让那不曾等待我的人说我侥幸——感到意外！
那没有等下去的人又怎么会理解——
亏了你的苦苦等待，
在炮火连天的战场上，
从死神手中，是你把我救了出来。
我是怎样死里逃生的，
只有你我两个人将会明白——
全因为同别人不一样，
你善于苦苦地等待。

1941年

【苏联】帕斯捷尔纳克
刘湛秋 译

邂　逅①

邂逅是个美妙的词，像夏天吃第一口冰淇淋时那种突然而又熟悉的凉爽，那种痒痒微颤的喜悦，凉丝丝地往咽喉下去，又暖洋洋地从四肢发散出来。期待已久，却不期而遇，这就是邂逅。诗人设计了一个邂逅的场面，用细节和工笔描画出一个银装玉琢的"你"，一个晶莹剔透的雪雕女子。你从嘴里到头上的雪渐渐融化，我的心渐渐温暖。如果我的灵魂有形体的话，我的灵魂的模样就是"你"的形象，如今回到了我的胸膛，像刀刻血流一般真实。接下来的直接抒情，"你"已经成了圣洁的女神——因为你美丽的面容，我不再过问人世间的残酷。啊，今生今世与你相爱，就是一次生命最美的邂逅。哪管它死后，人们会说什么闲言碎语。

帕斯捷尔纳克（1890~1960），苏联诗人、小说家。小说名作是《日瓦戈医生》。1958年以"在现代抒情诗和伟大的俄罗斯叙事文学领域中所取得的杰出成就"获诺贝尔文学奖，但因为当时苏联政府的刁难，诗人被迫拒绝领奖。

会有一天，飞雪落满了道路，
盖白了倾斜的屋檐，
我正想出门松松脚——
是你，突然站在门前。

你独自一人，穿着秋大衣，
没戴帽子，也没穿套鞋，
你抑制着内心的激动，
嘴里咀嚼着潮湿的雪。

树木和栅栏

---

① 选自乌兰汗编选《苏联当代诗选》，外国文学出版社，1984年版。

消逝在远远的迷雾中，
你一个人披着雪
站在角落里一动不动。

雪水从头巾上流下，
滚向袖口缓慢地滴落，
点点晶莹的雪粉，
在你那秀发上闪烁。

那一绺秀发的柔光
映亮了：你的面庞，
你的头巾和身躯，
还有这件薄薄的棉衣裳。

雪在睫毛上融化了，
你的眼里充满忧郁，
你的整个身形匀称和谐，
仿佛是一块整玉雕琢。

这好像是我那
被带走的心灵，
好像被镀锑的钢刀
深深地划下了血痕。

你那美丽的面容，
将在我的心中永驻，
因此，我不再过问
人世间的残酷。

啊，陶醉于这些回忆，
只觉得这雪夜重影闪闪，
我们两人的中间，
我划不开分界线。

当我们已经离去人世，
那些年的事犹自遭人诽谤，
没有人会去寻问：
我们是谁，又来自何方？

【美国】肯明斯
余光中 译

我从未旅行过的地方①

  相爱的人，总感觉对方有一种神秘的吸引力。因为人心如面，各不相同，人的气质丰陋不一，你无法完全明白对方。人，有时候连自己都不明白自己，怎么可能完全明白别人呢？对于常人，这就造成了隔膜；对于恋人，这就构成了吸引力，这也就是"我从未旅行过的地方"——你身上有一种柔软的力量令我着迷，那至柔的手势，那至轻的一瞥，那至细的一声嘘息，可以"解开我"，也可以"关闭我"，那比雨点还要小的手，到底是什么呢？

  肯明斯（1894~1962），美国诗人。

我从未旅行过的地方，欣然在
任何经验之外，你的眼神多静寂：
你至柔的手势中，有力量将我关闭，
有东西我摸不到，因为它太靠近

你至轻的一瞥，很容易将我开放，
虽然我关闭自己，如紧握手指，
你恒一瓣瓣解开我，如春天解开
（以巧妙神秘的触觉）她第一朵蔷薇

若是你要关闭我，则我和
我的生命将阖拢，很美地，很骤然地，
正如这朵花的心脏在幻想
雪片啊小心翼翼地四面下降；

世界上没有一样感觉能够相当

---

① 选自《余光中选集》第五卷译品集，安徽教育出版社，1999年版。

你强烈的柔软的力量:你的柔软
有一种质地驱使我,以它的本色,
形成死亡和永恒,以每一声嘘息

(我不懂你身上究竟有什么能关闭
而且开放;我心中有样东西却了解
你双眼的声音比一切蔷薇更深沉)
没有谁,即使是雨,有这样小的手

【德国】歌德
梁宗岱 译

迷娘歌①

相爱，就是回乡吧？两个相爱的人，牵手走向心灵的故乡，那里，是我们心安的栖居之所。《迷娘歌》是歌德的成长教育小说《威廉·迈斯特的学习时代》的插曲，这里选的是众多《迷娘歌》中最脍炙人口的一首，曾被贝多芬、舒伯特等人谱曲达上百次。

你可知道，那柠檬花开的地方②？
黯绿的密叶中映着橘橙金黄，
骀荡的和风起自蔚蓝的天上，
还有那长春幽静和月桂轩昂——③
你可知道吗？
　　　那方啊，就是那方，
我心爱的人儿，我要与你同往！

你可知道，那圆柱高耸的大厦④，
那殿宇的辉煌，和房栊的光华，
伫立的白石像向我脉脉凝视：
"可怜的人儿，你受了多少委屈？"——
你可知道吗？
　　　那方啊，就是那方，
庇护我的恩人，我要与你同往！

---

① 选自《梁宗岱译诗集》，湖南人民出版社，1983年版。
② 指意大利。迷娘的故乡在意大利近瑞士边境的玛交莱湖畔。迷娘对故国的怀念也就是歌德借以表白他对南国意大利的向往。
③ 长春，指桃金娘，象征爱情，为维纳斯的神树；月桂，为阿波罗的神树。
④ 迷娘幼年时居住过的一座乡间别墅。

你可知道,那高山和它的云径①?
骡儿在浓雾里摸索它的旅程,
黝古的蛟龙在幽壑深处②隐潜,
崖崩石转,瀑流在那上面飞溅——
你可知道吗?
　　　　那方啊,就是那方,
我们趱程吧,父亲③,让我们同往!

---

① 原文Wolkensteg:云雾弥漫的山路,亦有解作"悬桥"(指恶魔桥)者。
② 歌德《诗与真》第十八章叙述他游览利维纳山谷时的印象说:"不难想象,那些岩窟乃是蛟龙的巢穴。"
③ 迷娘把威廉·迈斯特称为亲爱的人、保护人、爸爸,流露出她的复杂心情。

【法国】波德莱尔
钱春琦 译

邀 游①

爱的乐土在哪里?为什么相爱的人总要为自己找寻一片地方,以容纳他们新鲜的爱情?就像新婚的人寻找满意的居所,相爱的人在寻找一种理想的生活。眼前的现实总有缺陷,所以,邀妹去远游,去那心灵所愿应有尽有的地方。

好孩子,小妹,
想想多甘美,
到那里跟你住在一起!
在那个像你
一样的国土②里,
悠然相爱,相爱到老死!
阴沉的天上,
湿润的太阳,
对我的心有无限魅力,
多神秘,像你
不忠的眸子
透过泪水闪射出光辉。

那儿,只有美和秩序,
只有豪华、宁静、乐趣③。
在我们屋里,
我要去布置

---

① 选自波德莱尔《恶之花》,钱春琦译,人民文学出版社,1994年版。
② 国土,指荷兰,但不一定指现实的荷兰,而是指诗人梦想中的理想乐土。此处将自然和情人同化。
③ 此处的叠句叙述理想的美的性质,对女性与自然均通用,不仅指外形的要素,亦包括内在的要素。

被岁月磨得光亮的家具。
奇花和异卉
吐放出香味,
混着龙涎香朦胧的馥郁,
富丽的藻井,
深深的明镜,
东方风味的豪华绚烂,
都要对人心
秘密吐衷情,
说出甘美的本国语言。

那儿,只有美和秩序,
只有豪华、宁静、乐趣。

瞧那运河边
沉睡的航船,
心里都想去漂流海外;
为了满足你
区区的心意,
它们从天涯海角驶来。
——落日的斜晖,
给运河、田野
和整个城市抹上了金黄
紫蓝的色彩;
整个的世界
进入温暖的光辉的睡乡。

那儿,只有美和秩序,
只有豪华、宁静、乐趣。

【德国】海涅
冯至 译

一棵松树在北方①

距离与渴慕,相思与分离,感应与吸引;两种深情,一样闲愁;全都凝成两个似梦似幻又形象明晰的画面。海涅用精妙的语言刻画了爱的纯洁,用单纯的形象传达了复杂的情感,说出了人性中那种神秘的渴求和永恒的守望。

一棵松树在北方,
孤单单竖立在枯山上,
冰雪的白被把它包围,
它沉沉入睡。

它梦见一棵棕榈树,
远远地在东方的国土,
孤单单在火热的岩石上,
它默默悲伤。

---

① 选自冯至译《海涅诗选》,人民文学出版社,1956年版。

【西班牙】洛尔卡
叶君健 译

低着头①

据说人原本是雌雄同体的,后来一分为二,所以这一半永远在追寻另一半。洛尔卡描画了一个清晰的白日梦——诗中的内容并非实景,而是想象中的情景,是象征之物——我在人生的路上低着头,慢慢地走。以一种优缓低沉的步态,坚定地走。前面,有一个灿烂的希望,将照亮我的生命。在灰暗的路旁,有曲径通幽。在幽静的小径上,有鲜花遍地。其中一朵蔷薇,仿佛为我开放,她光彩熠熠,生机无限。我在她欢欣的容颜里,也看见了久候的酸辛。蔷薇的芬芳,有如你处女的肌肤一般娇柔。你呀,就像怀着悒郁的乡愁,在把生命中的至爱守候。

洛尔卡(1898~1936),西班牙诗人、剧作家,长于音乐和绘画。诗歌有浓厚的民谣风格,清新别致。

思想在高飞,我低着头,
在慢慢地走,慢慢地走,
在时间的进程上
我的生命向一个希望追求。
在一条灰色的路旁
  我看到开满了花的小径:
  有一朵蔷薇花
充满了光明,充满了生命,
  也充满了酸辛。
  女性啊,你是园中开着的花朵:
  有如你处女的肌肤,那些蔷薇
说不尽的芬芳和娇柔,
但也充满了悒郁的乡愁。

---

① 选自华宇清编撰《金果小枝——外国历代著名短诗欣赏》,黑龙江人民出版社,1982年版。

【美国】狄金森
江枫 译

灵魂选择自己的伴侣[①]

  灵魂需要选择自己的伴侣,灵魂必须有另一个灵魂作为伴侣,灵魂很难撞见另一个可以为伴的灵魂,因而灵魂总是在寻找自己的伴侣。
  一生封闭生活的狄金森,也曾经历一场刻骨铭心的爱情风波,男主角是谁,没人说得清。后人只是知道,她为自己的灵魂选择了伴侣之后(虽然并未相伴生活在一起),她的确是关闭了生活的阀门,一直足不出户,不见客人,终日一袭白衣,闭关写诗。或许,诗歌,才是这位天才女性的灵魂伴侣?

灵魂选择自己的伴侣,
然后,把门紧闭——
她神圣的决定——
再不容干预——[②]

发现车辇,停在,她低矮的门前——
不为所动——
一位皇帝,跪在她的席垫——
不为所动——

我知道她,从人口众多的整个民族——
选中了一个——
从此,封闭关心的阀门——
像一块石头——

[①] 选自江枫译《狄金森诗选》,湖南人民出版社,1984年版。
[②] 以上两行,亦可译为:
  神圣的多数对于她——
  再没有意义——

【英国】勃朗宁夫人
袁广达 梁葆成 译

如果你定要爱我①

求爱之旅仿佛行走人间最奇幻的迷宫,世人多有歧路亡羊之叹。生得漂亮、爱好相同、会过日子、怜悯同情等等,都是爱的理由,也都可以是失去爱的缘由。那么,抛开这些错误的路径,"只为爱情而爱吧",或许,你能到达迷宫的中心。至于什么是"为了爱情而爱",这幅走出迷宫的路线图,只有真爱着的人才会拥有。

伊丽莎白·芭蕾特·勃朗宁,即勃朗宁夫人(1806~1861),出身富裕家庭,十五岁因坠马伤了脊椎,从此卧病在床,以诗歌创作和文学翻译表现出不凡的才华和坚韧的生命力。后来,诗人勃朗宁因爱慕她的诗进而爱上她本人,唤醒她对人生幸福的向往。爱情使她能够下床步行了,而诗人写下的《葡萄牙人十四行诗集》,记录了异于常人的恋爱心曲,成为英国文学中的珍品。

为爱情而爱吧,如果你定要爱我,
让你的爱不要为了什么!
不要说:"我爱她美貌出众,
我爱她温柔的语调和笑容;
因为她的癖好和我的一样,
她会教日子过得愉快和安详!"
亲爱的,由于这一切都可以改变,
为了这一切的爱也会时过境迁。
也不要用你的怜悯擦干她的泪花,
把你的情意恩赐给她;
对你的安慰她可以长记心怀,

---

① 选自方平译《勃朗宁夫人抒情十四行诗集》,四川人民出版社,1982年版。

也许忘记哭泣,却因此失去你的爱!
为了爱能像永恒的山河,
求你只为爱情而爱我!

[英国]勃朗宁夫人
方平 译

请再说一遍："我爱你！"①

有人一生说不出这三个字，有人却把它当口头禅。世上的女孩大概都喜欢甜言蜜语吧？说了一遍，再来一遍，还要一遍，没完没了，像布谷鸟、像满天星、像遍地花、像敲着银钟，然而说了还不够，你"还得用灵魂爱我"，在你不出声的时候，在那两次说"我爱你"之间的空隙里。你会说：女孩的心事，口里流蜜，心里养蜂呢。不是这样啊，你不断表达的爱意，就像黑暗中的烛光，为我抵挡了生活的恐惧和不安，用温情包围了我、保护着我。

请说了一遍再向我说一遍，
　　说"我爱你！"即使那样重复了重复
　　你要把它看成一支"布谷鸟的歌曲②"；
可是记着，在那青山和绿林间，
那山谷和田野中，纵使清新的春天
　　披着全身绿装降临，也不算完美无缺，
　　要是她缺少了那串布谷鸟的音节。
爱，四周那么黑暗，耳边只听见
惊悸的心声，处于那痛苦的不安中，
　　我嚷道："再说一遍：我爱你！"谁嫌
　　太多的星，即使每颗都在太空转动；
　　太多的花，即使每朵洋溢着春意？
说你爱我吧，重复地敲着银钟！
　　只是记着，还得用灵魂爱我，在默默里。

---

① 选自方平译《勃朗宁夫人抒情十四行诗集》，四川人民出版社，1982年版。
② 布谷鸟啼叫，音节简单重复，故人们把千篇一律的复述比作"布谷鸟的歌曲"。英国诗人把布谷鸟看做报春的使者。

【匈牙利】裴多菲
孙用 译

我愿意是急流①

这是男子汉的爱情宣言。人类文化的生成演化，逐渐给男女两性分配了约定俗成的角色。男人，必须是个男子汉，用特殊材料制成，经得起摔打，最好没有泪腺，把所有的责任都往肩上扛，胸膛要宽厚，可以抵挡风雨，身躯要高大，可以撑起一片天空……好，这些，我都愿意。男子汉嘛，爱情总要有所牺牲嘛。然而，请注意：所有的"我愿意"都有一个"只要你"作对应，诗人的态度如此果决，似乎征求过爱人的同意。假如，爱人不同意呢？如果她不愿意做"小鱼""小鸟"的话怎么办？真正的爱，是相爱，是相互呼应的爱。所以，这则爱情宣言，不是男子汉的单方面宣言，应该是代表男女双方发出的爱的宣言。如此，男人的勇敢和牺牲，女子的柔情和慰藉，才能各得其所。

裴多菲（1823~1849），匈牙利诗人。幼年做过流浪艺人，后在反对奥地利的卫国战争中牺牲。

我愿意是急流，
山里的小河，
在崎岖的路上、
岩石上经过……
只要我的爱人
是一条小鱼，
在我的浪花中
快乐地游来游去。

我愿意是荒林，
在河流的两岸，

---

① 选自孙用译《裴多菲诗选》，作家出版社，1955年版。

对一阵阵的狂风，
勇敢地作战……
只要我的爱人
是一只小鸟，
在我的稠密的
树枝间做窠，鸣叫。

我愿意是废墟，
在峻峭的山岩上，
这静默的毁灭
并不使我懊丧……
只要我的爱人
是青青的常春藤，
沿着我荒凉的额，
亲密地攀援上升。

我愿意是草屋，
在深深的山谷底，
草屋的顶上
饱受风雨的打击……
只要我的爱人
是可爱的火焰，
在我的炉子里
愉快地缓缓闪现。

我愿意是云朵，
是灰色的破旗，
在广漠的空中，
懒懒地飘来荡去，
只要我的爱人
是珊瑚似的夕阳，
傍着我苍白的脸，
显出鲜艳的辉煌。

【芬兰】瑟德格兰
北岛 译

现代处女①

　　古典处女是美人鱼，静待渔夫下网捕捞，最花哨的举动也不过是翻出一点浪花，引起渔夫的注意。现代处女摇身一变，以身为网，捕捉所有贪婪的鱼。所有的鱼，来者不拒——现代女性不再是被钓者，而是主动捕获异性的网罗者。一个自由跳跃的自我，不是传统的女人，几乎是中性的——男人似的行为方式，这是现代女人的新鲜特性。但到底还是女孩儿——迷惑男人，自我陶醉，以调请为巫术，"我是在男人耳中血液的低语"；是一座欲迎还拒诱人进入的新乐园；是莽撞的情感历险者，在"仅深及膝盖之水"中游泳，潜水——孩子气的任性和莽撞；是水火交织的结合……一篇女性独立与觉醒的宣言。

　　瑟德格兰（1892～1923），芬兰女诗人。出生于俄国，以瑞典语、德语写作。16岁患上肺结核病（当时为不治之症），22岁进入一场不幸的婚姻，31岁病逝。一生贫病交加，婚姻不幸，在死亡的阴影中勃发了强大的创作欲，声言："呼吸便是胜利，活着便是胜利，存在便是胜利。"诗句直率，用词新奇，诗人要"打开天空的大门"，把"人眼看不到的美"馈赠给大众。心灵早熟，诗意奇异，发表了四部诗集，遭到冷讽与热嘲，死后被誉为北欧现代诗歌的开拓者。

　　我不是女人。我是中性的。
　　我是孩子、僮仆，是一种大胆的决定，
　　我是鲜红的太阳的一丝笑纹……
　　我对于所有贪婪的鱼来说是一张网，
　　我对于每个女人是表示敬意的祝酒，
　　我是走向幸运与毁灭的一步，

---

① 选自北岛译《北欧现代诗选》，河北教育出版社，2004年版。

我是自由与自我之中的跳跃……
我是在男人耳中血液的低语，
我是灵魂的战栗，肉体的渴望与拒绝，
我是进入新乐园的标记，
我是搜寻与勇敢之火，
我是冒昧得仅深及膝盖之水，
我是火与水诚实而没有限度的结合……

【英国】安妮·斯蒂文森
黄杲炘 译

暗 示①

性吸引力就像一场拔河,你进我退之间已经交手了若干回合。以女性的视点来看,她敏感地发觉,男人的语言总会泄漏求偶的心思,任你曲里拐弯装模作样,你的目光却明明白白是要把女人的衣服剥光;而女人,一句一句地敷衍着、抗拒着,就像穿上一件又一件衣裳。看男女双方用语言格斗,绵里藏针,针针入穴;兵不血刃,刀刀见心。

安妮·斯蒂文森(1933年生),英国女诗人。

别以为
我不知道
你对我说话时
你那心思之手
正在悄悄地
脱掉我的长袜,
机灵而又盲目地
移上我的大腿。

别以为
我不知道
你了解
我说的每句话
都是一件衣裳。

---

① 选自蔡天新主编《现代诗100首·红卷》,三联书店,2005年版。

【法国】波德莱尔
郭宏安 译

阳 台①

那两相厮守的日子,可以过得情意融融、心地温存。连疾恶如仇的"恶的诗人"波德莱尔也有过如此温情款款的时候。整首诗仿佛是笼罩在黄昏的柔光中的情侣秘戏图,色调温暖,却不色情;又像一首悠游绵长的小夜曲,旋律回环婉转,余音绕梁。

我的回忆之母,情人中的情人,
我全部的快乐,我全部的敬意!
你呀,你可曾记得抚爱之温存,
那炉边的温馨,那黄昏的魅力,
我的回忆之母,情人中的情人!

那些傍晚,有熊熊的炭火映照,
阳台上的黄昏,玫瑰色的氤氲。
你的乳房多温暖,你的心多好!
我们常把些不朽的事情谈论。
那些傍晚,有熊熊的炭火映照。

温暖的黄昏里阳光多么美丽!
宇宙多么深邃,心灵多么坚强!
我崇拜的女王,当我俯身向你,
我好像闻到你的血液的芳香,
温暖的黄昏里阳光多么美丽!

夜色转浓,仿佛隔板慢慢关好,
暗中我的眼睛猜到你的眼睛,

---

① 选自波德莱尔《恶之花》,郭宏安译,漓江出版社,1992年版。

我啜饮你的气息，蜜糖啊毒药！
你的脚在我友爱的手中入梦。
夜色转浓，仿佛隔板慢慢关好。

我知道怎样召回幸福的时辰，
蜷缩在你的膝间，我重温过去。
因为呀，你慵倦的美哪里去寻，
除了你温存的心、可爱的身躯？
我知道怎样召回幸福的时辰。

那些盟誓、芬芳、无休止的亲吻，
可会复生于不可测知的深渊，
就像在深邃的海底沐浴干净、
重获青春的太阳又升上青天？
那些盟誓、芬芳、无休止的亲吻。

【英国】多恩
卞之琳 译

别离辞：节哀①

这是玄学派的名诗，多恩的代表作。为了咏叹离别的心情，出奇制胜的比喻层出不穷：用德高之人（比如得道高僧）逝世时，身体与灵魂携手归西，比喻我俩的相投；用地震和天体震动分别比喻俗人和我们对别离的不同态度；用金子打成薄片，比喻我们的心不会分离，只会延长；最后用圆规作比，说明两人不弃不离的深情，这个比喻流传甚广。

正如德高之人逝世很安然，
　　对灵魂轻轻地说一声走，
悲恸的朋友们聚在旁边，
　　有的说断气了，有的说没有。

让我们化了，一声也不作，
　　泪浪也不翻，叹风也不兴；
那是亵渎我们的欢乐——
　　要是对俗人讲我们的爱情。

地动会带来灾害和惊恐，
　　人们估计它干什么，要怎样，
可是那些天体的震动，
　　虽然大得多，什么也不伤。

世俗的男女彼此的相好，

---

① 选自卞之琳译《英国诗选》，湖南人民出版社，1983年版。这首诗发表于1633年，可以说是约翰·多恩最具有代表性的作品，也是17世纪玄学派的名作。所谓玄学派诗，无非多奇想，而所谓奇想，就是不像一般的吟风弄月，用爱好科学等一般不入诗的比喻、形象、构思，例如这种诗中以两脚圆规比喻一对情侣的离合关系。原诗以抑扬格四音步四行成一节，译文以四顿（或音组）相应（例如"对灵魂|轻轻地|说一声|走"）；原诗各节韵式是abab，译文照押。

（他们的灵魂是官能）就最忌
别离，因为那就会取消
　　　　组成爱恋的那一套东西。

我们被爱情提炼得纯净，
　　　　自己都不知道存什么念头
互相在心灵上得到了保证，
　　　　再不愁碰不到眼睛、嘴和手。

两个灵魂打成了一片，
　　　　虽说我得走，却并不变成
破裂，而只是向外伸延，
　　　　像金子打到薄薄的一层。

就还算两个吧，两个却这样
　　　　和一副两脚圆规情况相同；
你的灵魂是定脚，并不想
　　　　移动，另一脚一移，它也动。

虽然它一直是坐在中心，
　　　　可是另一个去天涯海角，
它就侧了身，倾听八垠；
　　　　那一个一回家，它马上挺腰。

你对我就会这样子，我一生
　　　　像另外那一脚，得侧身打转；
你坚定，我的圆圈①才会准
　　　　我才会终结在开始的地点。

---

① 圆圈是完整的象征，据说在西方古代，圆中加点也是炼金术上的黄金象征。

【智利】聂鲁达
陈光孚 译

你的微笑①

微笑是最美的问候,它让对方眼睛发亮,直通心底那温柔的小池;微笑是最美的装饰,它为身体酝酿了一个春天,令自己鲜艳如花;微笑是最可靠的信物,它每天在默默地为爱情作证,就像太阳信守诺言每天冉冉升起;微笑是心灵的盐,它让生活有了味道。可爱的女人一定是常常微笑着的,含蓄、隽永、柔韧、温情。与微笑相伴的日子过得意味深长。

聂鲁达(1904~1973),智利诗人。1971年"因为他的诗作具有自然力般的作用,复苏了一个大陆的命运和梦想"而获诺贝尔文学奖。

你需要的话,可以拿走我的面包,
可以拿走我的空气,可是
别把你的微笑拿掉。

这朵玫瑰你别动它,
这是你的喷泉,
甘霖从你的欢乐当中
一下就会喷发,
你的欢愉会冒出
突如其来的银色浪花。

我从事的斗争是多么艰苦,
每当我用疲惫的眼睛回顾,
常常会看到
世界并没有天翻地覆,
可是,一望到你那微笑
冉冉地飞升起来寻找我,

---

① 选自邹绛等译《聂鲁达诗选》,四川人民出版社,1983年版。

生活的大门
一下子就都为我打开。

我的爱情啊,
在最黑暗的今朝
也会脱颖出你的微笑,
如果你突然望见
我的血洒在街头的石块上面,
你笑吧,因为你的微笑
在我的手中
将变作一把锋利的宝刀。

秋日的海滨,
你的微笑
掀起飞花四溅的瀑布,
在春天,爱情的季节,
我更需要你的微笑,
它像期待着我的花朵,
蓝色的、玫瑰色的,
都开在我这回声四起的祖国。

微笑,它向黑夜挑战,
向白天,向月亮挑战,
向盘绕在岛上的
大街小巷挑战,
向爱着你的
笨小伙子挑战,
不管是睁开还是闭上
我的双眼,
当我迈开步子
无论是后退还是向前,
你可以不给我面包、空气、
光亮和春天,
但是,你必须给我微笑,
不然,我只能立即长眠。

【智利】聂鲁达
陈光孚 译

和她在一起①

和她在一起,生活就无所畏惧;和她在一起,就敢于挑战世道的险恶。她,定然是灵魂的伴侣。

正因为时世艰辛,你要等着我:
让我们怀着希望去生活。
把你纤细的小手给我:
让我们去攀登和经受,
去感受和突破。
我们曾闯过荆棘之地,
屈身于石块堆砌的窝里,
我们又重新结成伴侣。
正因为岁月漫长,你要等着我:
带上一只篮子、你的铁锹、
你的衣履。

我们现在要做的
不仅仅是为了石竹和丁香,
也不是去寻找蜂糖:
需要用我们的手
去冲刺,去放火,
看这险恶的世道是否敢
向这坚定的四只手和四只眼睛挑战。

---

① 选自邹绛等译《聂鲁达诗选》,四川人民出版社,1983年版。

【墨西哥】帕斯
赵振江 译

为触摸我们的根①

  这是节选自帕斯的抒情长诗《太阳石》中的一个惊心动魄的镜头：在西班牙内战的一天，马德里的安赫尔广场遭到轰炸，在倒塌的废墟中，在弥漫的烟尘里，在嘈杂的人声里，"两个人脱去衣服，赤身相爱"。目睹此情此景，诗人受到震撼，他看到、想到的不是色情，不是在末日来临之前的颓废狂欢，他的理解高人一等：他们在触摸人类的根。相爱，是人的基本权利，而战争要剥夺它，要劫走它，要毁灭它。他们在捍卫我们永恒的爱的权利，恢复我们热爱生活的本性，他们正超越时空，回归人类的本原。

  帕斯（1914年生），墨西哥诗人、散文家、学者。1989年诺贝尔文学奖获得者。

马德里，1937年，
在安赫尔广场，妇女们缝补衣裳
和儿子们一起歌唱，
后来响起警报，人声嘈杂喧嚷，
烟尘中倒坍的房屋，
开裂的塔楼，痰迹斑斑的脸庞
和发动机飓风般的轰响，
我看到：两个人脱去衣服，赤身相爱
为捍卫我们永恒的权利，
我们那一份时间和天堂，
为触摸我们的根、恢复我们的本性，
收回我们千百年来

---

① 节选自帕斯《太阳石》，赵振江译，花城出版社，1992年版。标题为编者所拟。

被生活的强盗劫走的遗产，
那两个人才脱去衣服互相亲吻
因为交叉的裸体
不受伤害并超越时间，
不受干扰，返本归原，
没有你我，没有姓名，也没有昨日明天，
两个人的真理结合成一个灵魂和躯体，
啊，多么美好完满……

【英国】雪莱
王佐良 译

致——

在爱与美的追寻之旅中，频频遭遇爱与美的幻灭、毁灭，从中诞生了雪莱独具特色的悲悯爱情观和悲悯诗学——爱的救赎力量，能够把凡人从人生的苦难中拯救到一个圣洁的境界。在雪莱的笔下，爱情是一种"太似绝望"的"希望"。它不同于拜伦对爱的否定式的绝望，他是在爱的幸福中体味到绝望，是对人生悲悯的彻悟："爱情以多么可怜的幸福，把骄傲的绝望换取！"（《无常》）所以，使他感到"温暖"的不是爱的欢愉，而是"你的怜悯"。对这种深沉的怜悯情调的爱，诗人的回报只能是"崇敬"，是对爱的本质意义的肯定，而不是平常"人们所称的爱情"。所谓"思慕远处之情"，是对超越人间苦难的"永恒的爱"的追求。它在认可人间之爱注定悲苦的前提下，不区区于世俗男女之情，一颗诗心腾云驾雾，发出哲人逸远之思。爱到这种境界，已不是男欢女爱的通俗意思，而是对爱本身、对人生、对人类的悲悯的大爱，这也是雪莱所特有的诗歌美学。

有一个被人经常亵渎的字，
　　我无心再来亵渎；
有一种被人假意鄙薄的感情，
　　你不会也来鄙薄。
有一种希望太似绝望，
　　又何须再加提防！
你的怜悯无人能比，
　　温暖了我的心房。
我拿不出人们所称的爱情，

---
① 选自王佐良《英国诗文选译集》，外语教学与研究出版社，1980年版。

但不知你肯否接受
这颗心儿能献的崇敬？
　　　连天公也不会拒而不收！
犹如飞蛾扑向星星，
　　　又如黑夜追求黎明。
这一种思慕远处之情，
　　早已跳出了人间的苦境！

【西班牙】希梅内斯
陈光孚 译

忆少年①

男人总是要出门,总是想要一个世界,女人却只是想要有个家。从父系社会的原始人开始,就有了这一项分工,一直延续到现在——男人要去世上打猎觅食,女人则要倚着家门守候一生。少年郎就这么离开了村庄,在"红河谷"留下了他相爱的姑娘。现在回想起来,好不感伤。

希梅内斯(1881~1958),西班牙诗人,1956年因"他的抒情诗为崇高的心灵和纯净的艺术树立了一个典范"而获诺贝尔文学奖。

那天午后,我对她说
我要离开村子,
她伤心地望着我——富于甜美的恋意!
茫然地微笑着。
问我:为什么离去?
我说:只因这山间的寂静
像尸衣般地裹胁着我
生命像已经死去。
"为什么一定要走?"
——我觉得胸膛渴望着呐喊
但是在这沉寂的山谷中
欲喊而不能。
她问我:那么去哪里呢?
我说:到比天空还高的地方
那里阳光不会这样猛射着我。
她低下了黑眸

---

① 选自赵振江等译《悲哀的咏叹调》,漓江出版社,1997年版。

思忖地望着空旷的山谷，
伤感地沉默
茫然地微笑着。

【美国】庞德
赵毅衡 译

给尤诺约的情歌①

　　这一位在即将跨进"城门"的那一刻，忽然决心逃出"围城"。婚姻中单调麻木的情景让他退避三舍，企图溜之大吉。听他连吓带哄的口吻：先是警告式的"放聪明些"，接着是以实例来劝说，最后是口蜜腹剑地哄骗"你的眼睛太美丽"，哀求"重新把我让给暴风雨"，就好像是说"让我回到野生动物园"。真是用心良苦呀。

放聪明些：
把世界还给我，
让我去寻找冒险。

我见过那些结了婚的，
我见过那些体面地结了婚的，
安坐在火炉边：
真让人恶心。

我见到他们心满意足地狼吞虎咽，
奇蠢无比地咕咕唧唧。

哦爱人，爱人，
你的眼睛太美丽，容不下这种条规，
让我们想出更好的方式。
哦爱人，你脸容太完美，
经得起仔细端详；
哦爱人，
让你的船下水
重新把我让给暴风雨。

---

① 选自赵毅衡译《美国现代诗选》，外国文学出版社，1985年版。

【英国】罗伯特·勃朗宁
卞之琳　译

晨　别①

与情人幽会之后(《晨别》是组诗之一，前面还有一首《夜会》)，男人又可以精神抖擞地面对世界了，瞧他踌躇满志的样子：大海迎接、太阳注目，世界正等着我呢。太阳已照亮一条坦荡荡的黄金路，我的面前，是需要男人的世界。这一位的情绪良好，体力大概也不错，他跃跃欲试的样子，别人看来，还以为他刚发现了新大陆呢。

罗伯特·勃朗宁（1812~1889），是与丁尼生齐名的英国维多利亚时代的两大诗人之一，发展和完善了戏剧独白诗。1845年，他与伊丽莎白·芭蕾特的相识相恋成为文学史上耐人寻味的恋爱佳话。

绕过岬，大海突然来迎接，
太阳从山顶上透出来注目：
他面前是一条笔直的黄金路，
我面前是需要男人的世界。

---

① 选自王佐良主编《英国诗选》，上海译文出版社，1988年版。

【英国】里却德·腊吾勒斯
郭沫若 译

出阵前告别鲁加斯达①

男人离开女人的借口花样繁多，出门去打仗也是一个。宁愿舍弃和平的胸膛，用剑去和敌人拥抱，理由是荣誉高于爱情。可是，离去的男人偏偏被女人依恋和崇敬。这是怎么回事？

腊吾勒斯（1618~1658），英国诗人。

爱，请不要说我无情，
我离开了你的胸心，
像修道院般的纯洁和平，
而要飞向战阵。

是的，我在追求新的女主，
是战场上首遇的敌人；
要拥抱得加紧认真，
用剑，用马，用盾。

然而这一下的不志诚，
你也会加以崇敬；
亲爱的，我就不配真爱你了，
如果我不更爱我的荣名。

① 选自郭沫若《英诗译稿》，上海译文出版社，1981年版。

【匈牙利】裴多菲
白莽 译

自由与爱情[1]

这里有一道算术题：生命、爱情、自由，请你由小到大、由轻到重地排列。不知爱情这笔账，是否可以如此简便地计算？从这首诗的流传广度来看，用数学换算爱情的大有人在。

生命诚宝贵，
爱情价更高；
若为自由故，
二者皆可抛！

---
[1] 转引自《鲁迅全集》第四卷，人民文学出版社，1991年版。

【英国】拜伦
查良铮 译

好吧,我们不再一起漫游①

　　日新月异的艳遇并未使拜伦品尝到爱的甜美,女性只是一次次变成他灵魂的止痛剂。当然啦,爱使人强大有力,情欲却只能让人疲累。盐水解渴口更渴,谈情说爱也得有歇息的时候。

好吧,我们不再一起漫游
　　消磨这幽深的夜晚,
尽管这颗心仍旧迷恋,
　　尽管月光还那么灿烂。

因为利剑能够磨破剑鞘,
　　灵魂也把胸膛磨得够受,
这颗心啊,它得停下来呼吸,
　　爱情也有歇息的时候。

虽然夜晚为爱情而降临
　　很快的,很快又是白昼,
但是在这月光的世界,
　　我们已不再一起漫游。

1817年2月28日

---

① 选自查良铮译《拜伦诗选》,上海译文出版社,1982年版。

【芬兰】瑟德格兰
李笠 译

白天在冷却……①

　　白天在黄昏时冷却，爱情在夜色中开放。你的爱情的红玫瑰，如此不堪一握，在我完美的期盼和热烈的奉献中，它迅速枯萎。你笨拙而狂野的手掌，只抓住了我战栗不安的躯体，却把我的心冷落舍弃。当我一夜之间，由少女变成了妻子，我那清脆的笑声、我那少女的清纯的梦想、我那作为女人的高傲的自由，都已失去了踪影。你寻找女人，却找到了灵魂——你失望了。白天在冷却，我们的爱情，已经失去了温暖的情意。

　　热烈的爱情是怎样迅速冷却的呢？少女对婚姻的渴望如何变成了妻子的一个破碎的梦想？诗人塑造了一个在爱情中痴迷却在婚姻中醒悟的女子，她惊愕地发现，原来男人（"你"）并不想拥有一个完整的女人，或者是，"你"根本没有能力拥有一个完整的女人，"你"不懂得爱惜一个女人的灵魂。

1

　　白天在傍晚时冷却……
　　请从我的手上啜饮温暖，
　　我的手有春天的血液。
　　抱住我的手，抱住我的手臂。
　　抱住我臂膀的渴望。
　　这感觉将是多么奇特——
　　一个夜晚，一个像今天的夜晚
　　你沉重的头颅倒向我的怀抱。

---

① 选自瑟德格兰《玫瑰与阴影》，李笠译，北欧文学丛书之一。

2

你把你爱情的红玫瑰
投入我洁白的怀中——
我用烫热的手把它紧紧握住
你爱情的玫瑰很快枯萎。
你这闪着冷眼的主宰者,
我接受你递给我的花冠,
它使我的头深深垂向我的心脏……

3

今天我终于见到了我的主人,
我战栗着很快认出了他的模样。
我感到他笨重的手抚摸着我柔软的臂膀……
我那清脆的少女的笑声在哪里?
我那高贵的头颅的女人的自由在哪里?
此刻,我只感到他紧紧地抓住我抖颤的躯体,
此刻,我听见现实无情的声音
撞击着我脆弱、脆弱的梦。

4

你寻找花朵,
却找到了果实;
你寻找泉水,
却找到了大海;
你寻找女人,
却找到了灵魂——
你失望了。

【苏联】茨维塔耶娃

汪剑钊 译

标 志①

茨维塔耶娃以少见的坦率，直言女人的性爱心理：我完全凭借身体的痛苦，下半身的山一样沉重的痛苦，领悟爱情。爱的雷电总是遥远，无法触动我的内心，就像再大的雷电也无法唤醒腐蚀的田野。我的爱情在近处，在内心的黑洞中，在身体的裂缝中，在被挖掘的痛苦中呻吟与嘶叫，像匈奴人风驰的骏马，像迸断的琴弦，那样激烈、亢奋，我领悟爱情，完全凭借身体的颤音。这样的情形，可以是性爱，也可以包括女子生育。

茨维塔耶娃(1892~1941)，苏联女诗人，凭借天赋与性灵写作独具一格的诗歌。受苏联专政迫害，在贫病交加丧夫丧子的状态下自杀。中文版有多卷本《茨维塔耶娃文集》。

仿佛在下摆中扛着一座山——
完全是身体的痛苦！
凭借着身体的痛苦，
我领悟爱情。

对任何一道雷电而言，
仿佛我内心的田野已经被腐蚀。
凭借别人的远方和自己的
近处，我领悟爱情。

仿佛人们在我内心挖了
一个洞，直到漆黑的根部。
凭借着脉管，我领悟爱情，
完全是呻吟者的

---

① 选自汪剑钊主编《茨维塔耶娃文集·诗歌卷》，东方出版社，2003年版。

肉体。过堂风像马鬃一样
吹拂着匈奴人：
我凭借最忠实的
喉咙琴弦的断裂，了解
爱情——喉咙要隘的
锈迹，活的盐。
我凭借裂缝领悟爱情，
不！——完全是凭借
身体的颤音！

             1924年11月29日

【加拿大】艾贝尔
西川 译

瘦骨嶙峋的女孩①

　　一个失恋的女孩，怎样表达自己的哀痛？这一位内秀丰盈，努力将哀泣化作优雅的情话：失去爱的滋润，我已经憔悴得只剩下一副唯心主义的骨架，因而，我要学会爱我的瘦骨嶙峋，我告诉自己：我有美丽的骨头。我要保护和爱怜它们，把它们打磨得纯银一样光亮，终有一天，它们会成为一只圣骨箱，用来留住我的爱人。我要在你空荡荡的心脏里，悬挂我自己，让你惊讶，让你颤抖，让你恐惧这位冰冷的客人，就像恐惧死亡一样坚强的我对你的爱情。而我接受你的颤抖，就像接受示爱的礼物。然后，我会依偎在你的胸前，给你秋波粼粼的春天，那是我们爱的重生。
　　安妮·艾贝尔(1916~2000)，加拿大女诗人、作家，用法语写作。

我是一个瘦骨嶙峋的女孩，
我有美丽的骨头。②

我精心保护它们，
赋予它们奇特的怜悯。

我把它们磨光，
像磨光陈旧的金属。③

宝石和鲜花都已过时，
对它们来说还有何用？

终有一天，我将留住我的爱人，

---

① 选自蔡天新主编《现代诗100首·红卷》，三联书店，2005年版。
② 第一行与第二行的语言方向正相反，两行之间用力折叠，却没有折断。第一行是第二行出现的条件，此外，说"骨头"美丽，十分新颖。
③ 平常的语言，超现实表述：自己不可能磨光自己的骨头。

做他纯银的圣骨箱。①

我要在他心脏离去的地方
悬挂起我自己。

这突然来到你心中的
冰冷的客人是谁,充盈了那空间?②

你走路,
你活动,
你的每一个手势
装饰着心怀恐怖的死亡。

而我接受你的颤抖,
像接受礼物。③

在未来某个时刻,
我会依偎在你的胸前,
半睁开我这双
水波莹澈的眼睛,

像孩子般神秘地梦想,
先生,
像碧绿的春天。

---

① 魔法实践服务于正面的爱情。

② 前文中的"他"此处变为"你"。如果说在前文中作者是在对自己或对他人说话,那么作者在此则改为直接对爱人说话。

③ 把"颤抖"和"礼物"联系在一起,使"颤抖"从生理、心理层面被提升,使"礼物"一词被放大。"接受"一词也用得极好,可能是从"接受礼物"反向推出了"接受颤抖"之说。

【英国】埃·达干
殷宝书 译

恋歌：我的爱①

用木匠建房屋，象征建设婚姻生活。我卖力地干着，为了把房子钉牢固，弄得手忙脚乱、气急败坏。把愤怒、怨气当作钉子，钉进我的房屋。结果，屋子钉牢了，却变成了一座地狱。我不是木匠，可我像耶稣这个老木匠一样，把自己钉上了十字架。但这件事我一个人干不了——一个巧妙的细节，把对方牵了进来——还要一个帮手，那就是亲爱的妻子，是你和我，共同建造了一座人间地狱。这自然不是恋歌，而是对婚姻的自嘲和诅咒。两人成婚，如何就变成了画地为牢呢？

埃·达干（1923年生），英国诗人。

什么也不是笔直的，平正的。
　　领扣是弯的，关节
天生就活动，两样东西
　　不会合牙合缝，
毫无间隙：白花花弯钉子
　　像蛹子一般满布在
事物的表面上。凭耶稣发誓②
　　我不是木匠，但是我
自己盖屋顶，自己筑墙，
　　自己亲手铺地板，
而且我还要把自己吊死
　　在这房屋里。我迁入
新房，大拇指已变得血淋淋，
　　青年之酒，愤怒，

---

① 选自殷宝书编译《怎样欣赏英美诗歌》，北京出版社，1985年版。
② 凭耶稣发誓，一方面是发誓，一方面暗示耶稣出身于木匠。

使我醉醺醺。啊，我把愤怒
　　　　当作钉子，钉在
我费尽力气营造的房屋上。
　　　　这回钉牢了：全屋子
平正、稳定、成形、合缝。
　　　　但只是一刹那，房屋
马上响起来，和先前一样
　　　　活动，只是转向另一边。
真倒霉，这屋子已变成地狱；
　　　　但它是我亲自计划的，
是我锯木料，是我钉钉子，
　　　　我将一直住到被吊死[①]。
我自己能把左手钉在
　　　　左面横木上，但是
我不能一切自理，我需要
　　　　有人钉右手，我需要
帮手、爱人、一个你、我的妻。

[①] 耶稣为教义吊死在十字架上，是殉道者；本诗发言者为婚姻吊死在十字架上，也变成婚姻的殉道者。

【法国】普列维尔
高行健 译

全都为了你①

爱情是自私的,爱人则是自由的。把爱人当成私有财产,爱人就变成了奴隶。世上多有彼此为奴的人,就是没有把对方当作一个有独立人格的人来爱。爱情与自由、相爱与尊重,是无法分割的问题。易卜生的《玩偶之家》,探讨过婚姻中的一方不能成为另一方的玩偶。泰戈尔的诗中也说:"让我的爱像阳光一样包围着你,又给你充分的自由。"

我曾去鸟市
　为了你
　亲爱的
买来了鸟儿
我又去花市
　为了你
　亲爱的
买来了花儿
我还去废品公司
　为了你
　亲爱的
买了根链条
沉重的镣铐
我再去奴隶市场找寻你
你竟然无踪无影亲亲呀亲亲

---

① 选自诗刊社编《世界抒情诗选》,春风文艺出版社,1983年版。

【美国】琼森
邹绛 译

女人的心①

总有些东西是生活不能给予我们的,总有些梦想永远只是梦想,那诱惑着女人的心飞翔的"星光",何尝不曾吸引过男人的心?或许,女人更爱做梦,而世界给予女人的天地又太小,以致家变成女人"陌生的牢笼"?抱怨生活总是容易的,不满之后如何珍惜生命,却很不容易。

琼森(1886年生),美国黑人女诗人。

女人的心儿天一亮就展开翅膀,
像孤单的鸟儿不安地轻轻飞翔,
将心儿记得的回声——地追逐,
它远远漫游过生活的塔楼和山谷。

女人的心儿天一黑就回到家中,
走进那使它受苦的陌生的牢笼,
竭力想忘记它已经梦见了星光,
当它碰碎、碰碎、碰碎在栅栏上。

---

① 选自华宇清编撰《金果小枝——外国历代著名短诗欣赏》,黑龙江人民出版社,1982年版。

【美国】琼森
邹绛 译

我要在你爱我的时候死去①

矛盾就是这样出现的：男人渴求永恒的女性，女人渴求永恒的爱。男人和女人，彼此都对异性抱有高远的希望，这造就了世上的诸多悲喜剧，也刺激了人心的活力，让人性不至于枯竭，让人间的痴男怨女纵浪大化，永远跋涉在渴求完美爱情的旅途。

"我要在你爱我的时候死去"，多么辛酸的祈祷。心死而身存，人将怎么活？

我要在你爱我的时候死去，
　　当你还认为我美丽。
当笑声留在我的嘴唇上，
　　光辉照在我头发里。

我要在你爱我的时候死去，
　　而且带到沉寂的床上面，
你的亲吻——骚动的，不竭的，
　　在我死过后给我温暖。

我要在你爱我的时候死去，
　　哦，谁还愿意活下去
直到爱既没有什么可要求，
　　也没有什么可给予？

我要在你爱我的时候死去，
　　而且永远、永远不看到
这个完美的日子的光荣
　　变成暗淡，或者消失掉！

---

① 选自华宇清编撰《金果小枝——外国历代著名短诗欣赏》，黑龙江人民出版社，1982年版。

【加拿大】艾特伍德
李文俊 译

大街上，爱情①

当爱情成为一种时尚消费品，像在大街上购买一听可口可乐一样目的明确而又简单方便，爱情就变成了食尸鸟和食肉兽的事情。广告和娱乐传媒中的男女，引导了人们的择偶标准——把一幅幅死的画像当成了活人的标本。人们对爱情的审美变得单一而又多变，全由时尚决定——把个性多样的活人变成了性情单一的死人。所以，荒诞的情景出现了：我摸着你的喉咙发出了纸张的窸窣声——你在用卡拉OK抒情？你吻着我的舌头有油墨的味道——我用读广告词的声调说"我爱你"。

艾特伍德（1939年生），加拿大作家、诗人。

大街上
爱情
如今
不是食尸鸟
的事儿
（把死变成生）便是
（把生变成死）
食肉兽的事儿

（那个广告牌美人
有涂了白瓷釉的
牙齿和红
瓷釉的爪尖，在捕捉

男人

---

① 选自飞白主编《世界诗库》，花城出版社，1994年版。

当他们从她身边经过
　　从未想到是自己给了她
　　生命,她的
　　身体原是用硬板纸制成,
　　血管里流着他们情欲
　　枯竭的血液)
(瞧,那个灰色的男子
他的步伐轻盈
像法兰
绒,正步下他的广告画

　　贪馋的女人,看到
　　他那么潇洒,
　　轮廓分明有如刀刻
　　眼光清澈而又
　　犀利,像遒劲的书法,
　　都想得到他
　　……你是死的吗?你真是死的吗?
　　她们说,但愿……)

亲爱的,这些天
在大街上我们该怎么办
我怎么
了解你
你又怎么了解
我,怎么知道
我们不是那种
人:用胶把纸片粘起来
等待有朝一日
获得生命

(有一天
当我抚摸你咽喉处
温暖的肉,却听见一阵
纸张轻轻的窸窣声

而你，原以为
对我脑子里的想法
了解得清清楚楚，却在我的舌尖
尝到黑油墨的味道，发现
就在我皮肤底下
印着密密麻麻的小字。）

【波兰】密茨凯维支
孙用 景行 译

致聂门河①

那些让我们魂牵梦萦的女子,那些惊鸿一瞥的倩影,那些少年时为之动情的女子,那些初恋、暗恋、思恋过的女子,如今都到哪里去了?对初恋的追怀,也是对青春岁月的追怀。对人生起步的回望,谁能不唏嘘感慨?

密茨凯维支(1798~1855),波兰浪漫主义代表诗人,与普希金有过交往。

那黄金时代的水流哪里去了?
我常常在河里玩水,我们很想滑过水面,
一直到寂寞的荒野,就在那里,
青春可以掩藏心头的怯弱和不安。
那里,洛拉解散了柔软的发辫,
惊奇而得意地向水中的影子凝视。
我的热烈的恋爱的眼泪却模糊了
她的映在这银色的水波中的影子。

聂门河啊,那水源哪里去了?
它很愿意给我这样的希望的梦和幸福。
哪里是我的前途无量的童年?
哪里是我的友人?我只徒然地关注!
哪里是我的曾在水中照影的洛拉?
一切都去了,我的眼泪又怎能留住?

---

① 选自莫家祥、高子居编《西方爱情诗选》,漓江出版社,1981年版。

【德国】歌德
钱春绮 译

初恋的丧失[1]

  时间是组成生命的材料，时间又是生命的大敌。普希金说：一切逝去的都将变得可爱。普鲁斯特说：记忆，是人们唯一的乐园。重现过去的好时光，是人的大梦之一。

谁能换回美丽的良时，
换回那些初恋的日子，
哪怕只有一小时时光，
换回那个可爱的时代！

我寂寞地安抚着创伤，
我总是在不断地叹气，
悼念我那失去的欢快。

谁能换回美丽的良时，
换回那个可爱的时代！

---

[1] 选自钱春绮译《歌德诗集》，上海译文出版社，1982年版。

【法国】阿波利内尔
闻家驷 译

蜜腊波桥①

  流水滔滔，夜色降临，蜜腊波桥上，一对正在分手的情人，执手相看泪眼，竟无语凝咽。心思缠绵如水，爱情逝去如水，诗句婉转如水。水声、钟声、心声，声声交融，合奏一曲忧而不伤的恋歌。
  阿波利内尔（1880~1918），法国诗人。

塞纳河在蜜腊波桥下扬波
    我们的爱情
  应当追忆么
在痛苦的后面往往来了欢乐

  让黑夜降临让钟声吟诵
  时光消逝了我没有移动

我们就这样手拉着手脸对着脸
    在我们胳臂的桥梁
  底下永恒的视线
追随着困倦的波澜

  让黑夜降临让钟声吟诵
  时光消逝了我没有移动

爱情消逝了像一江流逝的春水
    爱情消逝了
  生命多么迂回
希望又是多么雄伟

---

① 选自袁可嘉等编《外国现代派作品选》第一册，上海文艺出版社，1980年版。

让黑夜降临让钟声吟诵
时光消逝了我没有移动

过去一天又过去一周
　　　不论是时间是爱情
过去了就不再回头
塞纳河在蜜腊波桥下奔流

让黑夜降临让钟声吟诵
时光消逝了我没有移动

【智利】聂鲁达
江志方 译

第二十首情诗[①]

失去了恋人，诗人用诗句疗伤。人心是多么奇怪，爱与不爱，都出自同一颗心，这期间发生了什么？诗人心情惆怅而迷惘，对于失去的恋人，到底爱还是不爱？一边是对过去的灼热回忆，一边是对负心的痛苦焦虑，"我已不再爱她，但也许我还爱她。"就这样颠倒矛盾，不知所以。

今夜我能写出最悲凉的诗句。

比如写："夜晚繁星满天，
蓝色的星星在远处打着寒战。"

夜风在天空中回荡和歌唱。

今夜我能写出最悲凉的诗句。
从前我爱过她，她有时也爱过我。

在那些今宵似的良夜我曾把她搂在怀里。
在无边的天空下，一遍又一遍地亲吻。

从前她爱过我，有时我也爱过她。
她那双出神的大眼睛叫我怎么能够不喜欢。

今夜我能写出最悲凉的诗句。
想到我失去了伊人，感到她已离去。

我倾听着辽阔的夜，失去她而更加辽阔的夜。
诗句跌落在心里仿佛露水降落在草地。

[①] 选自邹绛等译《聂鲁达诗选》，四川人民出版社，1983年版。

我的爱情未能把她留住那有什么关系。
夜晚星斗满天,而她没有和我在一起。

这就是一切。有人在远方歌唱。在远方。
失去了她,我心灵中一片惆怅。

仿佛为了走近她,我的目光把她寻找。
我的心在寻找,而她没有和我在一起。

同样的夜晚,依然是那些绿树披着银装。
我们,当时的情侣,此刻已不再一样。

不错,我不再爱她,但我对她曾何等迷恋。
我的声音曾寻找清风,好随之传到她的身边。

别人的了。她将属于别人。就像从前属于我的双唇。
她的声音,她那明净的身体,那深邃的眼睛。

是的,我已不再爱她,但也许我还爱她。
相爱是那么短暂,负心却如此久长。

因为在那些今宵似的良夜我曾把她搂在怀里,
失去了她,我心灵中一片惆怅。

虽然这是她带给我的最后的痛苦,
而这些也许就是我写给她的最后的诗句。

1924年

【苏联】阿赫玛杜林娜
谢桃 译

不必为我浪费时间①

  求爱的语言千变万化，尽可以花言巧语；绝情的语言却只要一个字：不。爱情也可以说得简捷明了，当一颗心有了方向时。可是，有时身体会比语言说得更多，那个昂头走路的姿势，已说出了所有的秘密。
  阿赫玛杜琳娜（1937年生），苏联诗人。

不必为我浪费时间，
不必向我提出问题。
不必用善良忠厚的目光
抚摸我的手臂。

不必踏着春日的水洼
尾随着我的足迹。
我知道——即使相会
也不会有任何结局。

你以为我和你绝了交，
走路时故意这么神气？
不是神气呵——是悲恸
使我不肯把头低。

1956年

---

① 选自马兰汗编选《苏联当代诗选》，外国文学出版社，1984年版。

【俄国】普希金
戈宝权 译

我曾经爱过你①

普希金曾爱上一名显贵的女儿安娜·奥列宁娜,但因为诗人同情十二月党人,写反政府的政治诗,恋爱告吹。普希金写下了这首赠别诗。什么叫风度?普希金告诉你,什么是恋爱的风度,什么是恋爱中的男子汉风度。爱而不成,是纠缠、怨恨、报复或者祝福?进一步的追问是,爱一个人,是为了使自己幸福,还是为了让对方幸福?尤其在二者不可得兼的时候?爱上一个人的原因大同小异,结束一段爱情的理由却千差万别,怎样了结一段爱情,又显出了个性的高贵与卑俗。普希金固然多情,但未必滥情,他的可贵在于始终如一地尊重女性。

我曾经爱过你:爱情,也许
在我的心灵里还没有完全消亡;
但愿它不会再去打扰你;
我也不想再让你难过悲伤。
我曾经默默无语地、毫无指望地爱过你,
我既忍受着羞怯,又忍受着嫉妒的折磨;
我曾经那样真诚、那样温柔地爱过你,
但愿上帝保佑你,另一个人也会像我爱你一样。

---

① 选自莫家祥、高子居编《西方爱情诗选》,漓江出版社,1981年版。

【德国】海涅
高中甫 译

你是鲜花，你是亲爱的孩子①

海 涅
——爱神悲悯

"一位少年爱上了一位姑娘，这姑娘却看中了别人；那男人却别有所爱，而且和他的爱人成婚。"在这个阴差阳错的四人喜剧中，最痛苦的应该是那位"少年"，他一无所获，只有眼巴巴地看人热闹。这个少年就是海涅。

破落的犹太商人之子海涅（1797~1856），在富有的叔叔的资助下学习经商。经商失败，海涅很快爱上了叔叔的女儿阿玛丽，阿玛丽却从未爱上他。她爱的是别人，别人却不爱她，最后，她随便嫁给一个不爱的人。海涅呢，没他什么事，却受伤最重。他一开始爱上就失恋了。"这种事落到谁的头上，谁都会为之心碎。"这个打击太大了，以至于把一个小商人造就成为一名诗人。海涅写诗抒愤，每一首都在说爱，但满纸都是毒药、坟墓、棺材、自杀、死亡、鬼魂、恶蛇、爱人的尸体、揪心的长叹以及心死的寂寞、梦幻的眼神和眼中那些"晶莹的姐妹"。数百首痛苦的情诗显示了海涅敏感和机智的天赋，这么诡异而哀婉的情诗是前所未有的。《诗歌集》出版时，海涅自白："这本小书就是我的棺材，收藏着我的爱情骨灰。"事情并未就此结束，后来，海涅上了大学，对别的女孩再也没有了激情。在一次旅途中，他鬼使神差地遇见阿玛丽最小的妹妹苔莱赛，她容貌酷似姐姐，海涅又一次失恋了，苔莱赛最终也嫁给了别人。这次眷恋更深，伤痛更大。海涅对朋友说："这是在把一种新的愚蠢接枝到旧的愚蠢上面。"变成咏叹调则是："谁第一次去爱，即使不幸，还是一个神，可谁第二次去爱，还是不幸，那他就是一个蠢人。"海涅还忘了说，第二次不

---

① 转引自勃兰兑斯《十九世纪文学主流》第六分册《青年德意志》，高中甫译，人民文学出版社，1997年版。

幸，把一个普通的感伤诗人造就成为个性鲜明的世界级的抒情诗人。

拜伦视女人为女人，雪莱视女人为完人，普希金视女人为圣灵，海涅则视女人为女妖。在海涅的爱情哀歌里，我们看见一个真实灵魂在矛盾中挣扎。"当我看到你的眼睛，我所有的痛苦和悲伤便无影无形……当你说出：我爱你，我便辛酸地哭泣。"（《抒情插曲4》，高中甫译）闻爱而泣，没有人会这样谈情说爱，除了海涅。他是在怀疑爱人，因为失恋而不相信所有女人的感情？或者，他是在怀疑爱情本身的真实性和持久性？或者，不是因为怀疑，而是出于怜惜；不是为自己哭泣，而是为对方及爱情哭泣？总之，这"哭泣"好没来由，却淋湿了海涅的全部爱情诗册。

海涅一直在挣扎着自我超越，"我的心，不要悲哀，你要忍受命运的安排。……世界还是那样美丽多彩，只要你情之所钟，你都可以去爱。"（钱春绮译，下同）诸如此类的打气豪语与自怨自艾混杂一团，花儿鸟儿成群而来，又结队而去。让人不明白诗人是在逛花园还是写情诗。海涅的情诗一片愁云惨雾，仅有的几首欢快调子，全来自想象，如《乘着歌声的翅膀》《去恒河边》《椰子林中》《那里有爱情躲藏》等等。

海涅对女性既迷恋又逃避。流亡巴黎时，他喜欢上鞋店女职员玛蒂尔德，同居不久就走避他乡，后来又被一种魔力吸引，重回她的身边。共同生活了七年，两人才结婚。从40岁开始，海涅出现身体麻痹的病症，最后八年完全瘫痪，是在"被褥的坟墓"中度过的，玛蒂尔德随伺在侧。缠绵病榻的诗人除了写作大量时事政治诗以外，他还有一个愿望："我还想，在生命之光没有熄灭以前，在我的心脏没有破碎以前——我还想在我没有死亡的时候，再一次求得一些女性的温柔。我的对象必须是一位金发女郎，她的眼睛要很温柔，像那月光一样……既不年轻，身体又不健康，像我这种人，在这种时光，我还要想再去恋爱，热情放荡，再尝一次幸福——可是却不爱叫嚷。"（《冷静的人》）诗人的祈祷似乎感动了神灵，在他生命的最后一年，一名爱慕诗人的女性——卡莱尔·赛尔顿来到他的身边，28岁，蓝眼睛，浅褐色头发，跟梦中情人的形象有少许误差，但海涅还真是爆发了他一生之中最后一次热爱，他这时候留下的诗篇重现了年轻时代的激情。由于命运的捉弄，从特别的意义上说，海涅最后的爱情依然以"失恋"作结。

空谈！空谈！没有行动！
没有肉体，可爱的木偶！

永远是精神,没有烤肉,
在汤里没有肉丸!

　　这一次,爱情与死亡是真真实实地迎面相逢。诗人极度消瘦,"只剩一副唯心论的骨骼,等待着全部解体。实际上我还存在吗?几乎除了声音以外,丝毫不剩……"(《罗曼采罗后记》),"欢会的时刻同时又是一种诀别。"精神上的眷恋与肉体上的残败撕裂了诗人,行到水穷处,爱到绝望时。绝望与希望,幸福与痛苦,如今是活生生纠缠住诗人,眼睁睁看着自己刚爱上又将死去,这彻骨的矛盾绞着诗人的性灵,榨出这首最瑰奇的情诗:"没有一朵鲜花的嘴唇如此温柔,没有一朵鲜花的泪水燃烧得如此炽热。"

　　这是一场纯粹的精神恋情。"鲜花的吻"不是肉体的感受,它的美感来自心灵。对于一贯以灵肉一体来观照爱情的诗人,"在汤里没有肉丸"的灵肉分离的爱像是一种惩罚式的折磨。海涅挺过来了,他从肉多于灵的习惯体验中转向,到达灵多于肉乃至唯灵论的陌生境界,也是常人无缘企及的世界。双目一闭,天就黑了。关闭了所有的感官,外部世界的爱情法则全都抛开。鲜花一吻直通心灵,心中的明月袅娜盘升,化实为虚,化繁为简,情感世界别有洞天,爱像水晶一样纯净而无言:"不要去问,在月的银辉里,殉情的花儿和她那已死的恋人在窃窃私语些什么!"

　　现实之爱可触可摸,伸手可及;心灵之爱无影无形,遥不可及。但海涅品味到了,表达出来了,他在弥留之际,写出了一生中最美丽最深厚最纯真的一首情诗,不是用手和笔,是用一个天才诗人的全部情感积蓄,是用一个男人在屡遭爱的创痛时所验证的人格高度,是用海涅一生的爱恋和遗恨结晶而成。

你是鲜花,你是亲爱的孩子,
从你的吻中我认出了你,
没有一朵鲜花的嘴唇如此温柔,
没有一朵鲜花的泪水燃烧得如此炽热。

我的双目紧闭,但我的灵魂
却不断地把你的面容顾盼,
你在凝视我,那样甜蜜,那样狂喜,
被月的银辉映得光彩照人。

我们没有言语,但我的心

却感觉到你在缄默中沉思的一切——
说出来的话儿是可耻的,
缄默才是爱情的贞洁的花朵。

去问红宝石,它闪烁出什么样的光华,
去问夜来香和玫瑰,它散发出什么样的芬芳,
但不要去问,在月的银辉里
殉情的花儿和她那已死的恋人在窃窃私语些什么!

【爱尔兰】叶芝
袁可嘉 译

当你老了①

　　青春易逝，爱情易逝，而诗歌可以把一切留住（艺术家都是这么自信）。当你老了，诗歌中的你永远年轻，我的诗句留下了你的青春欢畅，也留下你不老的灵魂。我的爱情因此双倍于他人，我懂得爱你脸上痛苦的皱纹。当你老了，低着头伤感于爱情的消逝。请抬头看啊，我对你的爱已化作星辰，在你头顶的山上闪烁不熄。这是叶芝28岁时（1893年）写给爱尔兰自治运动领导人毛特·岗的诗，这是一份持续一生的无望的爱。

当你老了，头白了，睡意昏沉，
炉火旁打盹，请取下这部诗歌，
慢慢读，回想你过去眼神的柔和，
回想它们昔日浓重的阴影；

多少人爱你青春欢畅的时辰，
爱慕你的美丽，假意或真心，
只有一个人爱你那朝圣者的灵魂，
爱你衰老了的脸上痛苦的皱纹；

垂下头来，在红光闪耀的炉子旁，
凄然地轻轻诉说那爱情的消逝，
在头顶的山上它缓缓踱着步子，
在一群星星中间隐藏着脸庞。

---

① 选自王家新编选《叶芝文集》卷一，东方出版社，1996年版。

【英国】彭斯
袁可嘉 译

约翰·安徒生，我爱①

相爱的人，相伴走过岁月，从头发乌黑到眉毛脱尽，从快乐登山到蹒跚下坡，从生同衾到死同穴，这就是执子之手，白头偕老啊。

彭斯（1759~1796），苏格兰诗人，人称"天授的庄稼汉"，一面耕田，一面写诗，以民歌风的活泼自然的诗句征服了读者。

约翰·安徒生，约翰我爱，
　　想我们当初结识，
你的剑眉光滑，
　　你的头发乌黑；
如今你眉毛脱尽，约翰，
　　你的头发雪白；
约翰·安徒生，我爱，
　　我祝福你那一头白发！
约翰·安徒生，约翰我爱，
　　我们曾同登山丘；
多少个快活日子，约翰，
　　我们曾一起享有；
如今我们得蹒跚下坡，约翰，
　　不久我们会离去，手携着手；
约翰·安徒生，我爱，
　　到山脚下去长眠相守。

---

① 选自袁可嘉译《彭斯诗钞》，上海译文出版社，1981年版。

【比利时】梅特林克

罗洛 译

最后的话①

一个一生守候爱情的女子，在离开人间的时候，留下这平凡琐碎的遗言，有几句话，请身边的人转告那个他。这些话都是在这种情况下说的：那个人不知会不会来，那个人也许已经不认识我，那个人也许会问起我，那个人也许会打听我如何去世……啊，那个人，也许根本不知道我用了一生来等待他的爱，也许不知道我默默地爱了他整整一生。明白了背景，你再读这位女子琐碎的遗言，会不会有些莫名的感动和怅惘？

梅特林克（1862~1949），比利时作家，象征派戏剧大师，有名剧《青鸟》等，1911年以"其理想主义的特征达到一种罕见的精神境界"而获诺贝尔文学奖。

如果有一天他回来了，
　　我对他说些什么，
——告诉他：我整个一生
　　都在等待中度过。

如果他已不认得我，
　　还要问这又问那？
——也许他心里痛苦，
　　像姊妹一样温柔待他。

如果他问起你在哪里，
　　我该如何回答？
——你什么也不用说，
　　只把我的金戒指给他。

---

① 选自罗洛编《当代世界名诗》，上海教育出版社，1988年版。

如果他想要知道
　　为何留下空空的客厅？
——让他看那熄灭的灯
　　和那半开半闭的门。

如果那时他还问我，
　　你是怎样沉沉睡去？
——告诉他，我含笑而死，
　　千万别让他哭泣。

【智利】米斯特拉尔
赵振江 译

陶 杯①

米斯特拉尔在年轻的时候有过一场不幸的恋情,她的爱人爱上了别的女人,然后又在不幸与悔恨中自杀身亡。对于背叛并去世的恋人,米斯特拉尔一生难以释怀,以致终生未婚。她写了许多感人的悼亡诗,表达一种生死难弃的柔情,"我嘴里的一切都是强烈的泪水味道:家常饭、抒情诗,甚至祈祷"(《炽爱》)。私自安葬好爱人的遗骨后,"带着美妙的报复心情,我歌唱着离去,没有哪个女人能插手这隐秘的角落,同我争夺你的骸骨"(《死的十四行诗》)。在这首《陶杯》中,诗人设想制作一个陶杯来安放爱人的骨灰,她用的材料举世无双,"杯子的壁就是我的面颊,我的亲吻给杯子打上印记,我的目光是你的寿衣。爱过活着的你,仍爱着死去的你,我的爱情,可以跨越时间和生命"。

我梦见一个简朴的陶杯出现在眼前,
它将你的骨灰装殓;
杯子的壁就是我的面颊,
咱俩的灵魂和睦相处,亲密无间。

我不愿将你的骨灰撒在闪光的金杯里,
也不愿在精雕细刻的古代珍罐里安放。
只愿将你收殓在一个陶土的杯子里,
简单朴实就像我裙子上的皱褶一样。

这一天下午我到河边去将陶土挖取,
心潮翻滚,制作那个陶杯。
扛着庄稼的农妇从那里走过,

---

① 选自米斯特拉尔《柔情》,赵振江、陈孟译,漓江出版社,1986年版。

他们哪知道我在捏丈夫的床帷。

我将那一抔陶土捧在手里，
它像一丝泪水从指缝里无声地流去。
我要用超人的亲吻给杯子打上印记，
我无限深情的目光是你唯一的寿衣。

【圣卢西亚】沃尔柯特
飞白 译

爱之后的爱①

相爱令人陶醉，但是，爱过之后呢？当爱恋已经丧失——不管主动还是被动；当爱人已经离去——无论是生是死；当世间只留下孑然一身的自己，怎么办？爱过别人之后，诗人说，你该开始爱自己。总有这一天的，屋子里只有你一个人的脚步声，镜子里只照出你一个人的面影，你要重新学会照顾自己，你要重新爱这个曾是你自己的陌生人，以前你为了别人而忘了"他（她）"。现在，你要对自己说：请坐。请吃吧。请享用你的一生。

这一天终将来到
那时你将欢欢喜喜
迎接你自己光临
你的家门、你的镜中，
与你互致欢迎的笑容

说：请坐。请吃吧。
你会重新爱这个曾是你自己的陌生人。
上酒。上面包。把你的心
交还给它自己，交还给这终生爱你的
陌生人，你为了另一个人而
忘了他，他却还记着你。

从书架上取下情书、
照片、绝望的短笺，
从镜里削掉你的形象。
请坐。享用你的一生。

---

① 选自飞白主编《世界诗库》，花城出版社，1994年版。

面朝大海,春暖花开

下编

人间的诗意
HUMAN POETIC FLAVOUR

从明天起,做一个幸福的人
喂马,劈柴,周游世界
从明天起,关心粮食和蔬菜
我有一所房子,面朝大海,春暖花开

【英国】伦·司·托马斯
王佐良 译

时 代①

人类曾经有过那种时代,并不是一切都能标价出卖。智者的思想指导着人们的生活,各个民族都以道德与理性为生存准则。如今的时代是经济时代,智者退隐书斋,商人纵横天下,整个世界成了大商场,仿佛任何事物都贴上了价格标签,所有的人不是买方就是卖方。宁静的日子从此一去不复返。

伦·司·托马斯(1913~2000),英国威尔士诗人,一生做乡村牧师。被称作"这个时代最强硬、最纯洁、最持久的抒情诗人之一"。

这样的时代:智者并不沉默,
只是被无尽的嘈杂声
窒息了。于是退避于
那些无人阅读的书。

两位策士的话
得到公众倾听。一位日夜不停地
喊:"买!"另一位更有见地,
他说:"卖,卖掉你们的宁静。"

---

① 选自王佐良主编《英国诗选》,上海译文出版社,1988年版。

【美国】弗罗斯特
余光中 译

火与冰①

　　火与冰，欲望与仇恨，主导人类社会的两股强大的力量。如果有一天，人类再也无法驾驭这两股力量，那么，世界的未来，不是被过度的欲火所焚毁，就是被冰冻的仇恨所崩裂。

　　有人说世界将毁灭于火，
　　有人说毁灭于冰。
　　根据我对于欲望的体验，
　　我同意毁灭于火的观点。
　　但如果它必须毁灭两次，
　　则我想我对于恨有足够的认识
　　可以说在破坏一方面，冰
　　也同样伟大，
　　且能够胜任。

---

① 选自飞白主编《世界诗库》，花城出版社，1994年版。

【奥地利】汉德克
绿原 译

颠倒的世界①

中国诗人也曾写过《颠倒歌》："出门看见人咬狗，捡起狗来打砖头，却被砖头咬了手……"以机智的语言讽刺时局。这首《颠倒的世界》内涵更丰富。世界被颠倒的感觉，源自于人的异化。以第一人称"我"来感觉，荒诞的现象源源不断地挤压过来，人被物化，物被人化，荒谬的语言如同哈哈镜，反射出一个变形的世界。阅读之初，我们会被作者奇异的想象所逗乐；深读下去，我们可能会被这样的句子所震撼："闻一闻哪，雪在腐烂！"诗的结尾，作者似乎为了安抚读者，把那些怪现象解释为梦境，然而"逃到了温柔的现实"，我却"快乐地哼着：抓贼！杀人！"。结果，贼就是我，被杀的人就是自己。作者退后一步出拳，狠狠地粉碎了读者对现实的希望。全诗以荒诞的意象，夸张的语言，宣告对不合理的世界的反叛。

汉德克（1942年生），奥地利诗人。

我醒着入睡了：
我没看东西，是东西在看我；
我没动，是脚下地板在动我；
我没瞅见镜中的我，是镜中的我在瞅我；
我没讲话，是话在讲我；
我走向窗户，我被打开了。

我躺着站了起来：
我没张开眼睛，眼睛却张开了我；
我没听声音，声音却在听我；
我没吞水，水却在吞我；
我没抓东西，东西却抓着了我；

---

① 选自诗刊社编《世界抒情诗选》，春风文艺出版社，1983年版。

我没脱衣服，衣服却脱掉了我；
我没劝自己听话，话却劝我摆开自己；
我走向门，门闩按住了我。
卷帘升起了，却变成了黑夜；
为了喘口气，我把头浸进了水里；
我踏着石板地，陷到踝骨那么深；
我坐在马车的驾驶座上，把一只脚放在另一只脚前面；
我看见一个打洋伞的女人，夜汗出了我一身；
我向空中伸出一只胳膊，它着了火；
我伸手摘苹果，被咬住了；
我打赤脚走路，感到鞋里有石子；
我从伤口撕去橡皮膏，伤口在橡皮膏里；
我买一份报，我被浏览了；
我把人吓得要死，我说不出话来；
我把棉纱塞进耳朵里，我拼命叫喊；
我听见警报器在号叫，基督圣体节的游行队伍从我身边走过；
我打开雨伞，土地在我脚下燃烧起来；
我跑到野外去，我被捕了。

我在镶木地板上跌倒了，
我张开嘴巴讲话，
我捏紧拳头搔痒，
我吹起警笛笑，
我从发尖上流血，
我读到报纸的头条就噎住了，
我呕出了美味佳肴，
我讲着未来的故事，
我对事物说话，
我看穿了我，
我杀了死人。

我还看见麻雀在向枪炮射击；
我还看见绝望者幸福起来；
我还看见吮乳婴儿满怀希望；
我还看见晚间送奶的人。

而邮递员呢？在打听邮件；
传教士呢？被惊醒了；
行刑队呢？沿着墙根排列着；
小丑呢？在向观众扔手榴弹；
暗杀呢？等有了见证人才发生。
而殡仪员在鼓舞他的足球队；
国家元首在行刺面包师的学徒；
元帅在按街道起名字；
自然在忠实地描摹图画；
教皇站着被判输了——

听哪，表针走到外面来了！
看哪，烧短了的蜡烛变大了！
听哪，呼喊在耳语！
看哪，风把小草吹僵了！
听哪，民歌在咆哮！
看哪，上伸的手臂向下指！
听哪，问号变成了命令！
看哪，饿鬼变胖了！
闻一闻哪，雪在腐烂！

而早晨在沉没，
桌子站着一条腿
逃亡者盘腿坐着像裁缝，
最高一层楼上有了电车站。

听哪！死一般沉寂！——正是高峰时刻！

我醒着入睡了
从不堪忍受的梦境逃到了温柔的现实
快乐地哼着：抓贼！杀人！
听，我满嘴流涎：我看见一具尸体！

【美国】肯明斯
赵毅衡 译

人类我爱你①

以"人类我爱你"的反语一口气数落下来（注意诗中特殊的断句法）：你情愿给成功擦皮鞋，也不问成功者的灵魂是否干净；你听见祖国母亲这类词儿就热泪盈眶，一转身就忘得一干二净；你日子不好过时，就把理智和良心押给当铺，却一直忘记把它赎回；你有好日子不过却偏偏祸起萧墙，自相迫害；你把生命的秘密放进裤衩，以性来主导人生，却一屁股坐在上面，最终不过是在死神的魔掌上舞蹈歌吟……结尾突然泄底——"人类我恨你"。借用鲁迅先生说阿Q的话："哀其不幸，怒其不争。"诗人之恨，正因为诗人有爱。

人类我爱你
因为你情愿给成功擦皮靴
不问他的表带上晃荡的
是谁的灵魂那会使双方难乎

为情而且因为你
在老霍华德②听到每支
歌曲都坚定地鼓掌只要
里头有祖国母亲这类词儿

人类我爱你因为你
日子不好过时把理智
押进当铺买酒喝而
脸色粉红时自尊心又
让你不敢靠近当铺而且

---

① 选自赵毅衡编译《美国现代诗选》，外国文学出版社，1985年版。

② 纽约一剧场名。

因为你老是不断地闹出
乱子但大部分
是在你自己家里

人类我爱你因为你
不断地把生命的秘密
放进裤衩又老是忘记
一屁股坐

到上面
而且因为你
永远在死的股掌之中
吟诗作赋人类

我恨你

1925年

【英国】莎士比亚
屠岸 译

对这些都倦了①

　　这是一个真真实实的现实的世界,诗中的每一项列举无不在今天具有普遍的意义。从莎士比亚至今,人类社会的物质进步日新月异,精神进步却乏善可陈。这是一首不受时间局限的诗,它参透了人间的邪恶。这样的世界真令人厌倦,不如一走了之,可是,"我死了,要使我的爱人孤单"。一点柔肠,令局面改观。人间再无聊,只要有爱牵挂,就值得活下去呀。评论者认为这首诗是莎士比亚十四行诗中最美的一首,是"一首不可超越的诗"。

　　对这些都倦了,我召唤安息的死亡——
　　譬如,见到天才注定了做乞丐,
　　空虚的草包穿戴得富丽堂皇,
　　纯洁的盟誓受到了恶意的破坏,
　　高贵的荣誉被可耻地放错了地位,
　　强横的暴徒糟蹋了贞洁的姑娘,
　　邪恶,不法地侮辱了正义的完美,
　　拐腿的权势损伤了民间的健壮,
　　文化,被当局统治得哑口无言,
　　愚蠢(俨如博士)控制着聪明,
　　单纯的真理被唤作头脑简单,
　　被俘的良善伺候着罪恶将军;
　　　　对这些都倦了,我要离开这人间,
　　　　只是,我死了,要使我爱人孤单。

---

① 选自莎士比亚《十四行诗集》,屠岸译,上海译文出版社,1981年版。

【法国】卢梭
程依荣 译

讽喻诗①

这世界或许不合理，但我们为什么就该忍气吞声？天下大事都由肉食者决定，看他们你方唱罢我登场，一个个头顶光环、踌躇满志把戏唱。可这天下是天下人的天下，咱们平头老百姓，都是纳税人，花了钱来捧场。如果他们闹剧演得不像样，我们有权利喝倒彩震天响。以一种喜剧心态面世，可以活得健康而有力量，何必稍不如意，就寻死觅活哭一场？

让·巴蒂斯特·卢梭（1671~1741），法国百科全书派哲学家，诗人，剧作家。

这世界是喜剧一场，
每人的角色不一样。
那边台上是主教，征服者，部长，
他们穿着戏服全身闪光。
而我们卑贱的百姓，微不足道的群氓，
坐在最后几行，是大人物鄙弃的对象。
我们台下的是观众，
但是，我们花了钱来捧场。
要是闹剧演得不像样，
我们要喝倒彩震天响。

---

① 选自华宇清编撰《金果小枝——外国历代著名短诗欣赏》，黑龙江人民出版社，1982年版。

【希腊】柳德米斯
徐文德 译

我很健康①

没有自由的世界就是监狱。蹲在监狱里的囚犯没有行动自由,也没有言论自由。他们生活在谎言中,并被迫撒谎。监狱管理处一项荒谬的命令,给予囚犯身体折磨之外的精神折磨,让作者愤懑难当。"囚犯"在屈辱时刻从内心向母亲倾诉,因为被明目张胆的谎言所损害的还有倚门翘望的母亲。因为追求自由而失去自由的"囚犯"为谎言致歉,为谎言悲哀,为谎言愤怒……人活着,没有身体的自由已是困兽,没有思想和说话的自由则是行尸走肉。而这种情况,并不一定要在监狱才会发生。

注意:可以用明信片通信,在明信片上只能写表示发信人身体健康的几个字。

——监狱管理令

"我很健康",母亲,我的曙光。
我急于重新给你平静。
不要害怕!"我很健康"。
我像昨天一样,站在我的悲伤的影子下
让我的笔哭泣:母亲!……
母亲……
你的双手在发抖,白雪潜入了你的头巾……
叹息啊叹息……
哦,母亲,还有多少叹息分离着我们?
我的亲爱的,我愿意先问你一句话,
问你……
但是不。我什么也不问。

---

① 选自张同吾编《诗人喜爱的诗》,北京十月文艺出版社,1997年版。

这里不能发问。
这里所有的人"都很健康"。
这里所有的人"都很健康",虽然
绞索悬挂在他们的头上,
虽然黑暗折磨着他们的身心。
我的亲爱的,首先我还是要对你说:"我很健康。"
我的胸膛像一只声音嘶哑的小绵羊在叫喊——
刽子手在我背后计算着时间。
首先首先,母亲……但请原谅我吧,
原谅我如今你还不会知道真相。
真相已经衰老了。它不再旅行了。
也不能跨越海洋。
母亲,真相像一颗子弹。
但是,我不再对你说:"我很健康。"
我写这几个字——不知已有多少次了?
请原谅我。请原谅我,母亲。
多少年来你一直没有收到我真实的书信。
请原谅我。
原谅我写这一千次单调的"我很健康"。
原谅我这一千次谎言。
今天我又提起笔来给你写信。
我把明信片放在我的膝盖上,
抚摸它,像抚摸一只悲伤的小鸟一样。
从今以后,我的手要写它唯一的悲哀的小习题:我很健康。
我知道,我知道,母亲。
我知道我每天在寄给你我的苦药中的一份定量。
我知道你在抚摸这谎言
我知道。
你在用泪水洒它。我知道。
但是其他的话不能从这里插翅飞翔。
只能这样写:"我很健康。"
我的亲爱的,如今你闭着眼睛就能读出这几个字来。
或许根本就不再念它们了,
只要从门口听到邮差的声音对你就够了,

对你就够了。
在那一瞬间,母亲,也可能我并不健康。
但是你要相信我信中的话:我很健康。
我是健康的,只要我的笔还能触到信纸,
我是健康的,只要我的嘴唇还能低声吐字,
我还健康,只要我还能把这些受伤的字,
写在纸上:"我很健康。"
啊!如果我能有一个
飞满着这些不真实的鸟儿的天空,
让我把它们抛入混沌的太空。
让它们飞越过时代,
当我不再存在的时候,
让它们再飞来
用嘴敲打我家的门窗,
(向海洋敞开着的窗)
让它们唱歌,
歌唱成千句谎言,
成千句四个字的谎言:我很健康。
母亲……
母亲,如果你没有嘴唇,
你就用手指读吧,
你就用双手说话吧,
——像我小时候你给我试体温一样——
读吧,把没有写下的书信念给我听吧
——抹掉健康这两个字——
读读我的心吧
啊,母亲……母亲……
你的双手曾抚爱过的
如今在石头的重压下受尽了折磨。
你在睡梦中也能听到的声音
在刀下发出了呐喊。
但是你,我的亲爱的,
你,母亲,
你笑吧,笑吧……

你镇静一下,你才从噩梦中惊醒,
为了驱走噩梦,笑吧
你笑。
笑吧……而我……母亲,你不要担心:"我很健康"。
今天他们挖掉了我的眼睛。但是我很健康!
强烈的地震震坏了我的脑子,
但是我很健康!
我很健康!
明天他们要把我钉死在十字架上。
但是我很健康!我很健康!我很健康!
我很健康,虽然我失去了知觉,不会再想到健康。
我很健康,虽然我没有嗓子叫喊。
我很健康,虽然我没有手写字了,
因此,我像在一块石板上雕刻一样,
在这风吹雨打的深渊里,
在这疯狂的墓地里刻字。
我像在一块石板上雕刻一样
为了使所有的人都知道
在这疯狂的墓地里
所有的死人
"都很健康"。

【英国】伦·司·托马斯
程佳 译

农 民①

  一幅山地农民的素描，然后托物言志，颇像中国古典诗歌的写法。这个山民在白云深处养羊，嚼着甜菜就心满意足，翻耕土地，难得大笑，日子过得荒寒而平静……然后，是一串令人不快的细节：咧嘴痴笑，夜间枯坐，向火堆吐痰，衣服散发牲口的臊味，心灵的空洞令人骇然——将这些通常不能入诗的情景大胆罗列下来，诗人需要勇气与睿智，要有化丑为美的技艺。言志部分透露玄机：这赤裸的原始生态，就是读者你的原形，山民就是雅士的最初的最底层的样子。他没有替代你受难，就像你没有替代他享乐，你们原本就是同类，而他的样子先于你存在于世。他在岁月的风雨沧桑中坚韧得像一座堡垒，虽然卑微却不屈，他也是人类与大自然生存竞争的胜利者，他保卫了他的人种，保卫了我们人类的绵绵生息。

雅谷·普莱塔奇，就叫他这个名字吧，
只是个威尔士荒山中的普通人，
在白云深处养了几只羊。
有时削削甜菜，绿皮剥去，
黄筋现出，就心满意足
咧嘴痴笑；或把荒地翻成
一片凝固的海在风里闪烁——
日子就这么过着，
鲜有的开怀大笑不多于
太阳每周一次碾碎阴沉的天空。
夜晚枯坐在椅上，
偶尔俯身朝火堆啐口痰。

---

① 选自程佳译《R.S.托马斯自选诗集：1946~1968》，河北教育出版社，2004年版。

他心灵的空洞有种东西令人骇然。
他的衣服,散发多年的汗臭
与牲口的臊味,这赤裸的原始
震惊矫揉造作的雅士。
然而这就是你的原形,他,一季又一季,
与雨的围攻抗衡,与风的肆虐对峙,
保卫他的人种——一座坚强的堡垒
即使在死亡的混乱中也牢不可破。
记住他吧,因为他也是斗争的胜利者,
好奇的星空下,不朽如一棵树。

【比利时】维尔哈伦
戴望舒 译

风 车①

  人间的大苦难之一是贫穷，世界上1%的人占据着99%的财富，均贫富，是个永恒的梦想。那风车哀告的臂膀升起又垂下，一个永远祈求的苍凉的形象。太阳也冬眠了，浮云也疲倦了，车辙通向死灭之地。穷人的世界已经停滞了。穷人的破屋用它破窗的眼睛，定定地凝视老风车绝望地旋转。穷人的日子呀，像这老风车，无限地悲哀、沉重，而又疲倦。
  维尔哈伦(1855~1916)，比利时象征主义诗人，剧作家。他的诗歌对我国诗人艾青影响较大。

风车在夕暮的深处很慢地转，
在一片悲哀而忧郁的长天上，
它转啊转，而酒渣色的翅膀，
是无限的悲哀、沉重，而又疲倦。

从黎明，它的胳膊，像哀告的臂，
伸直了又垂下去，现在你看看，
它们又放下了，那边，在暗空间
和熄灭的自然底整片沉寂里。

冬天苦痛的阳光在村上睡眠，
浮云也疲于它们阴暗的旅行；
沿着收于它们的影子的丛荆，
车辙行行向一个死灭的天边。

在土崖下面，几间桦木的小屋
十分可怜地团团围坐在那里；

---

① 选自辜正坤编《外国名诗三百首》，北京出版社，1999年版。

一盏铜灯悬挂在天花板底下,
用火光渲染墙壁又渲染窗户。

而在浩漫平芜和朦胧空虚里,
这些很惨苦的破屋!它们看定
(用着它们破窗的可怜的眼睛)
老风车疲倦地转啊转,多寂寞。

【西班牙】洛尔卡
戴望舒 译

海水谣[①]

苦涩的海水，已成为一种苦难生活的象征物。少女出卖苦涩的青春；少年的鲜血里掺和着苦涩的人生；母亲的眼泪里流淌着苦涩的命运；痛苦的诗人之心啊，分泌出苦涩的诗句。而由苦涩的海水汇成的大海呀，却在远方笑盈盈。浪是牙齿，天是嘴唇，这巨大的苦口，正要吞吃尽天下的穷人。

在远方，
大海笑盈盈。
浪是牙齿，
天是嘴唇。

不安的少女，你卖的什么，
要把你的乳房耸起？

——先生，我卖的是
大海的水。

乌黑的少年，你带的什么，
和你的血混在一起？

——先生，我带的是
大海的水。

这些咸的眼泪，
妈啊，是从哪儿来的？

---

① 选自《戴望舒译诗集》，湖南人民出版社，1983年版。

——先生,我哭出的是
大海的水。

心儿啊,这苦味儿
是从哪里来的?

——比这苦得多呢,
大海的水。

在远方,
大海笑盈盈。
浪是牙齿,
天是嘴唇。

【法国】欧仁·鲍狄埃

国际歌①

一曲《国际歌》，曾经把全世界无产者的心凝聚在一起。在那个翻天覆地的年代，这首歌点燃了普天下穷人的血液，让人们为一个大同世界而流血奋斗。巴黎公社失败了，无产者改变命运的雄心未必被消灭了；穷人为自己争取权利的斗争方式或许也会改变，但穷人对生活所抱的希望永远不会改变。

欧仁·鲍狄埃（1816~1887），法国革命家，工人出身，巴黎公社委员。公社失败后，写下这首《国际歌》，全诗六节。工人作曲家狄盖特选用其中三节谱曲，歌曲广为流传。列宁称鲍狄埃是"一位最伟大的用歌作为工具的宣传家"。

起来，饥寒交迫的奴隶，
起来，全世界受苦的人！
满腔的热血已经沸腾，
要为真理而斗争！
旧世界打个落花流水，
奴隶们起来，起来！
不要说我们一无所有，
我们要做天下的主人！

这是最后的斗争，
团结起来，到明天，
英特纳雄耐尔②

---

① 选自邵鹏健编《外国抒情诗歌选》，江西人民出版社，1980年版。原载《人民日报》1962年4月28日，《国际歌》的新译文。

② 英特纳雄耐尔：法文音译，原意为"国际"，在这里是指国际共产主义理想。

　　　　就一定要实现。

从来就没有什么救世主，
也不靠神仙皇帝。
要创造人类的幸福，
全靠我们自己！
我们要夺回劳动果实，
让思想冲破牢笼。
快把那炉火烧得通红，
趁热打铁才能成功！

　　　　这是最后的斗争，
　　　　团结起来，到明天，
　　　　英特纳雄耐尔
　　　　就一定要实现。

是谁创造了人类世界？
是我们劳动群众。
一切归劳动者所有，
哪能容得寄生虫！
最可恨那些毒蛇猛兽，
吃尽了我们的血肉。
一旦把它们消灭干净，
鲜红的太阳照遍全球！

　　　　这是最后的斗争，
　　　　团结起来，到明天，
　　　　英特纳雄耐尔
　　　　就一定要实现。

　　　　　　　　　　1871年6月于巴黎

【波兰】希姆博尔斯卡
林洪亮 译

赞美诗①

诗人发现一个荒诞的现象,"人类的国界有许多漏洞",人类把地球分割成一个个国家,可是云彩没有、沙石没有、小鸟没有、树木和鱼儿没有、星星没有、大气没有、歌声和笑声没有……只有人类发明了你我的界限,而大自然没有,大自然原本亲密无间、彼此依存。人类如果要回归本真,必须向大自然学习。

啊,人类国家的边界有多少漏洞!
多少云彩飞过它们上空没有受到惩罚,
多少沙漠的沙子从一国移动到另一国,
多少高山的卵石滚进别人的领土,
蹦蹦跳跳,令人着恼!

我是否还应在这里列数小鸟的飞翔,
它这会儿正停在空无一物的栅栏上,
但它是只麻雀——尾巴已伸到了国外,
它的鸟喙却还在国内,而且为何要坐立不安!

在无数的昆虫中,我只提一提蚂蚁,
它处于边防哨兵的左靴和右靴之间,
对于从何处来、到何处去的问题,
——它拒不作回答。

啊,在所有的大陆上,
能同时详尽地看到全部混乱!
因为那不是河对岸的那棵水蜡树,

---

① 选自希姆博尔斯卡《呼唤雪人》,林洪亮译,漓江出版社,2000年版。

把它的千百片树叶伸过了河这边?
那又是谁,难道不是章鱼厚颜无耻地伸出长臂,
侵犯了别国领海的神圣领域?

是否能一般地谈论各种秩序,
如果连星星都不能任意移动,
以便让人知道哪颗是照耀他的?

还有那该受谴责的雾气,到处弥漫,
飞扬的尘土,撒遍了广阔的草原,
似乎草原并没有被一分为二!

还有回荡在乐意效劳的气流中的声音,
有尖声的呼唤,也有轻悄的咯咯笑声!

只有属于人类的才会有真正的你我之分,
其余的全都是密不可分的森林、鼹鼠和风。

【奥地利】里尔克
陈敬容 译

严重的时刻①

　　虽然我们只能活在有限的时空里,可是世界上每一个人都与我息息相关。马克思喜欢的名言是:"人所具有的我都具有。"约翰·当说过这样一段发人深省的话:"没有任何人是与世隔绝的孤岛,自行存在;每个人都是大洲陆地的一部分;如果海水冲走一块土石,欧罗巴就少了一角,正如一片流失的岩岬,也正如失去你自己或你朋友的家;每个消逝的生命都是我的损伤,因为我与整个人类相通;因此,莫问钟声为谁而鸣,它就是为你而鸣。"

　　此刻有谁在世上某处哭,
　　无缘无故在世上哭,
　　在哭我。

　　此刻有谁夜间在某处笑,
　　无缘无故在夜间笑,
　　在笑我。

　　此刻有谁在世上某处走,
　　无缘无故在世上走,
　　走向我。

　　此刻有谁在世上某处死,
　　无缘无故在世上死,
　　望着我。

---

① 选自陈敬容译《图像与花朵》,湖南人民出版社,1984年版。

【马其顿】民歌
邹海伦 译

岩石上的黑渡鸦[①]

人类最大的敌人是自己，自己最致命的敌人是战争。1389年，南斯拉夫人民在塞尔维亚大公拉扎尔率领下，在科索沃抗击土耳其入侵者，击毙了土耳其苏丹穆德一世。但最终因为力量悬殊和内部分裂遭到失败，土耳其人以大屠杀作报复，科索沃平原上尸横遍野。从此，科索沃成为南斯拉夫历史上誓死决战的同义语，又是痛苦开端的代名词。用脸上喷香的肉、眼中冰凉的水，去喂养乌鸦，真是对生命的亵渎呀，可这种事情却从未停止过。

岩石上的黑渡鸦，
你为什么这样叫声呱呱？
你是想吃肉了吗？
到科索沃去吧，
那儿有肉，
真是喷香的肉呀，
肉就在那些白皙的脸颊。
你是想喝水了吗？
到科索沃去吧，
那儿有水，
冰凉的水呀，
它从那些乌黑的眼睛里流下。

[①] 选自邹海伦译《马其顿民歌》，中国民间文艺出版社，1982年版。

【捷克】民歌

迷迭香

唐诗有："可怜无定河边骨，犹是春闺梦里人。"说一种绝望的守候，丈夫已死，妻子却不知道，世界在绝望中保持虚假的原样。而这首由佚名诗人所作，流传于二战时的捷克军队中的反战歌曲，讲述一种天崩地裂的悲伤，丧钟响彻大地，全世界的玫瑰花都凋谢了，为我的爱人哭丧，世界已经明明白白地变了样。两种悲情，一样哀痛。

坟上开着迷迭香。
土中睡着我情郎。
他们送他上前线，
死呀死在战场上。

把到处的钟儿敲响吧，
把我爱人的死亡告诉大家。
枝头上掉下玫瑰花。
全世界陪着我哭他。

【古罗马】梯布卢斯
飞白 译

是谁发明了可怕的剑[①]

这是一个有思想的士兵的疑惧,他发出的是冷兵器时代的追问:是谁发明了可怕的剑?他旋即推翻了自己的责难,转而追问,本该指向野兽的长剑,为何刺进了人的胸膛?他的心态刻画简直是出自现代诗人的笔下:"如今我被拉上战场,而某个敌人已手持注定扎进我肋部的长枪。"他只好向"家神祈祷",求祖宗保佑,让我做一个平常的百姓,让别人去争功夺利吧。黑色的死亡是多么可怕,光辉的和平生活是多么可爱,"当粗野的兵征战,阴沉的刀枪蒙着黑锈,锄和犁却在和平中闪烁",简洁漂亮的对举。诗人陶然于和平的美景,他的思绪已经远离战争,他多情的心思沉湎于日常生活,忽然想起了打老婆的男人,猛然义愤填膺,该把这种人送上战场去。他的愤怒中有着朴素的真理:日常生活中消除了野蛮的争斗,人心向善,化剑为犁,人们就不会去发动更恶劣的战争,而和平,将手持谷穗而来,向大地倾泻累累果实。

是谁人,第一个发明了可怕的剑?
　　他是多么野蛮,多么铁打心肠!
从此人世间产生了杀戮和战争,
　　开通了捷径——直通恐怖的死亡。
但也许冤枉了他,本是我们滥用了
　　他交给我们对付野兽的武器?
这是黄金的罪孽;古代本无战争,
　　只是山毛榉木杯子伴人进餐。
没有城堡,没有围寨,在杂色羊群
　　围绕间主人无忧无虑地安眠。

[①] 选自飞白译《古罗马诗选》,花城出版社,2001年版。

我愿活在那个时代，不知道凄惨的
　　战争，不致心悸地听军号吹响。
如今我却被拉上战场，而某个敌人
　　已手持注定扎进我肋部的长枪。
但救救我吧，我的家神！当幼小的我
　　在你跟前奔跑，你就把我扶持，
尽管你是老树桩雕成，这不算丢人，
　　你早在我祖先家里，自古如此。
尽管那时木雕神像在狭窄神龛里
　　十分简陋，但人们比现在诚心。
只要供上一串葡萄，或给神像戴个
　　谷穗花冠，就足以博得他欢心；
还愿者捧来供神的饼，他的小女儿
　　手捧着纯净的蜂窝在后头跟。
哦家神，把青铜标枪引离我身！
　　……①

　　并献上一头猪，一份农人的献礼。
我跟在后面，换上了干净的衣服，
　　篮子和头发都饰着桃金娘枝，
以此讨你欢心。别让人去沙场争雄，
　　去借战神之助打倒敌方将领，
当我饮酒时，他可以对我讲述战功，
　　并用酒浆在餐桌上描画阵营。
何等疯狂啊——用战争招来黑的死！
　　它威胁着我们，它悄悄地逼近——
下界没有粮田和栽培的葡萄，只有
　　地狱犬和冥河船夫令人害怕；
阴沉的水边游荡着苍白的一群，
　　带有空空的窟窿、燃烧的头发。
更值得赞扬的，毋宁是生养子息，
　　在年老迟钝时安居小小茅庐！
自己赶着羊群，儿子赶着小羊羔，
　　妻子准备热水，好把疲劳消除。

---

① 此处文字缺失。

我但愿这样过活，直到白发苍苍，
　　　并把以前的岁月和事迹讲述。
但愿和平维护农田。光辉的和平
　　　引导耕牛，套上弯弯的牛轭；
和平养护葡萄园，和平贮存葡萄汁，
　　　使父亲封的醇酿能给儿子喝；
当粗野的兵征战，阴沉的刀枪蒙着
　　　黑锈，锄和犁却正在和平中闪烁，
农人从林间回家，带着一家妻小，
　　　在微微醉意里驾着晚归的大车。
这时，爱的战场上战事正酣：妇女们
　　　抱怨扯掉了头发，打破了门窗；
她哭娇嫩的面颊被打肿，而征服者
　　　也哭他自己没轻重，下手太蛮。
恶作剧的爱神供应双方尖酸词令，
　　　自己超然坐在发怒的男女之间。
唉，这种男人是铁石心肠，竟然动手
　　　打他的姑娘，把天仙强拽下地。
你至多可从她肢体上扯下薄薄罗衣，
　　　你至多可弄乱她漂亮的发式，
你至多弄她流点泪；你若一怒就把
　　　纯情女弄哭，那是你四倍的福气。
而谁下野蛮的毒手，谁就该去持矛
　　　握盾，但请远离温柔的维纳斯！
那么，仁爱的和平，手持谷穗而来吧，
　　　从你白袍的衣裙中倾泻果实。

【英国】欧文
王佐良 译

奇异的会见①

即便发动战争的理由有一百个，否决战争的理由却只要一个：生命无价，士兵无辜。爱因斯坦曾说："一个人能够扬扬得意地随着军乐队在四列纵队里行进，单凭这一点就足以使我对他轻视。"更多的时候，士兵是被强迫和诱骗上战场的。对垒双方的士兵，原本都是善良的平民，真有什么理由让他们去互相杀死对方吗？于是，就有了这样奇异的会见：我逃离战斗，下到地狱，碰见了被我杀死的敌兵，他说出一番心思，就像出自我的嘴里。原本我们都有共同的生活乐趣，如果在平时，我们可能会成朋友。可是下流的战争，毁灭了我们的岁月和希望，这是世上最大的浪费。

维尔弗列特·欧文（1893~1918），英国诗人，阵亡于第一次世界大战，年仅25岁。《奇异的会见》被公认为一战留下的最感人的诗篇。

我似乎脱离战斗，逃进了
花岗岩下一条沉闷的大坑道，
惊天动地的战争早把岩石挖通，
那里挤满了呻吟着睡觉的人，
有的苦思，有的已死，都不动弹，
等到我试着一碰，有一位跳起紧看，
呆板的眼光像是认识我又怜悯我，
他凄然举起手向我祝福；
我看他的笑，知道这是在阴森的土地，
他的笑是死的，我知道我们站在地狱里。
他的脸刻画着千种痛苦，
但没有上面人间的血污，

---

① 选自王佐良主编《英国诗选》，上海译文出版社，1988年版。

也没有炮弹落地或发着啸声。
"奇怪的朋友,"我说,"这里没有理由要伤心。"
"没有,"他说,"除了那毁掉了的岁月,
那希望的破灭。你希望过的一切
都曾出现于我的生活,我曾狂野地搜寻
世界上最狂野的美人
不是静止于眼睛或秀发的美,
而有嘲笑时间跑得不快的气概。
如果有悲哀,也是此处所无的深厚悲哀。
多少人曾因我欢乐而笑,
我的悲痛也有东西留下,
但现在也得死了;我还有真话没谈,
战争的遗憾,战争所散播的遗憾。
现在人们只能满足于我们弄糟了的东西,
如果不,就闹个翻腾,然后被抛弃。
他们会敏捷,然而是母老虎的敏捷,
谁也不掉队,虽然整个民族也会后退。
我有过勇气,也感到过神秘,
我有过智慧,也掌握过技艺,
我没参加过世界的后退,
退向那无墙的虚幻堡垒;
等血流成河,阻塞了战争车轮,
我将上前用清净的井水冲洗它们,
甚至告诉他们深藏心里的真纯道理,
无保留地倾倒我精神上的秘密,
但不能通过伤口,不能面对战争的粪坑。
多少人额角不露伤口而鲜血内涌!
我是你杀死的敌人,朋友,
我暗中认识你,昨天你皱着眉头,
对着我冲来,又刺又砍,
我抵挡了,可我的手发冷,无心再战。
现在,让我们睡吧……"

【法国】保尔·策兰
北岛 译

死亡赋格①

  这是二战时期身陷纳粹劳改营的犹太诗人所写的死亡之诗。采用了音乐中赋格曲的形式(一种复调音乐,有数学般精确的对位法,其主题总是被插图打断,两者呼应唱和,纠缠循环),模拟了面临死亡的犹太人的断续呻吟,生命岌岌可危;同时揭露了一个滑稽而残酷的事实:纳粹有着良好的音乐修养,喜欢巴赫的赋格曲,一边播放着美妙的音乐,一边把人送进焚尸炉——甚至逼迫犹太人演奏音乐把自己的同胞送往地狱——他们把死亡变成了一种艺术,"死亡是来自德国的大师"。诗的开篇以一个荒诞的形象:黑牛奶定下基调。牛奶,生命之源;黑牛奶,死亡之源。我们每天喝它、随时喝它——日日夜夜、源源不断奔赴死亡。对纳粹的特写:他,在房子里玩蛇(性的隐喻)、吹口哨、做梦、写信(过着一种正常人的生活)、放出猎犬、挥舞手枪、逼我们掘墓、演奏、送我们化作烟尘升天(这是他的"正常工作")。对我们的描述:喝黑牛奶、奏舞曲、在空中掘墓(这是一个民族的厄运)。两位女性代表两个种族:金发的玛格丽特,是德国浪漫主义文学中的经典女性;灰发的舒拉密兹,是犹太圣经中的女仆,她成为犹太人重返家园的保证。两位女性的出现,是对民族命运的反讽:浪漫美丽的玛格丽特,她的族人在音乐伴奏下浪漫地杀人;沉默的舒拉密兹,只能率领自己的族人奔赴灭亡之地。这是一首悲哀入骨的咏叹民族厄运之诗。

  流亡美国的犹太裔德国哲学家阿多诺认为:"奥斯威辛之后写诗是野蛮的,也是不可能的。"策兰1945年发表的《死亡赋格》一诗以对纳粹邪恶本质的强力控诉和深刻独创的艺术力量震撼了战后德语诗坛,在德国几乎家喻户晓,成为"废墟文学"的象征。阿多诺最终收回他的格言:"长期受苦更有权表达,就像被折磨者要叫喊。因此关于奥斯威辛之后不能写诗的说

---

① 选自北岛《时间的玫瑰》,中国文史出版社,2005年版。

法或许是错的。"策兰一举成为战争废墟之上最受欢迎的诗人。

保尔·策兰(1920~1970),生于一个讲德语的犹太家庭,父母死于纳粹集中营。策兰本人历尽磨难,于二战后定居巴黎,是继里尔克之后最有影响的德语诗人。

清晨的黑牛奶我们傍晚喝
我们中午早上喝我们夜里喝
我们喝呀喝
我们在空中掘墓躺着挺宽敞
那房子里的人他玩蛇他写信
他写信当暮色降临德国你金发的马格丽特
他写信走出屋星光闪烁
他吹口哨召回猎犬他吹口哨召来他的犹太人掘墓
他命令我们奏舞曲

清晨的黑牛奶我们夜里喝
我们早上中午喝我们傍晚喝
我们喝呀喝
那房子里的人他玩蛇他写信
他写信当暮色降临德国你金发的马格丽特
你灰发的舒拉密兹我们在空中掘墓躺着挺宽敞

他高叫把地挖深些你们这伙儿用锹你们那帮演唱
他抓住腰中手枪他挥舞他眼睛是蓝的
挖得深些你们这伙儿用锹你们那帮继续奏舞曲

清晨的黑牛奶我们夜里喝
我们中午早上喝我们傍晚喝
我们喝呀喝
那房子里的人你金发的马格丽特
你灰发的舒拉密兹他玩蛇

他高叫把死亡奏得美妙些死亡是来自德国的大师
他高叫你们把琴拉得更暗些你们就像烟升向天空
你们就在云中有个坟墓躺着挺宽敞

清晨的黑牛奶我们夜里喝
我们中午喝死亡是来自德国的大师
我们傍晚早上喝我们喝呀喝
死亡是来自德国的大师他眼睛是蓝的
他用铅弹射你他瞄得很准
那房子里的人你金发的马格丽特
他放出猎犬扑向我们许给我们空中的坟墓
他玩蛇做梦死亡是来自德国的大师

你金发的马格丽特
你灰发的舒拉密兹

【英国】奥登
查良铮 译

他在中国变为尘土①

侵略战争是卑鄙可耻的，反击侵略却是正义的，是必要的痛苦。一个普通得似乎不值一提的中国士兵，在抗日战争中牺牲了。他的死亡仿佛对世界没有任何损失，但却"像逗点"，给我们的未来添加了意义，因为像他这样的无名士兵的牺牲，才接续了我们被战争腰斩的生活。

奥登（1907~1973），20世纪中叶颇有影响的英语诗人。1938年以记者身份来华访问，写下《战时》十四行组诗，这里选的是其中第18首，标题为编者所拟。奥登曾在武汉的一个招待会上朗诵此诗，当时在场的翻译不敢直译第二行——"又被他的将军和他的虱子所遗弃"，把它改成了"穷人与富人联合起来抗战"。

他被使用在远离文化中心的地方，
又被他的将军和他的虱子所遗弃，
于是在一件棉袄里他闭上眼睛
而离开人世。人家不会把他提起。

当这场战役被整理成书的时候，
没有重要的知识在他的头壳里丧失。
他的玩笑是陈腐的，他沉闷如战时，
他的名字和模样都将永远消逝。

他不知善，不择善，却教育了我们，
并且像逗点一样加添上意义；
他在中国变为尘土，以便在他日
我们的女儿得以热爱这人间，

---

① 选自王佐良主编《英国诗选》，上海译文出版社，1988年版。

不再为狗所凌辱；也为了使有山、有水、有房屋的地方，也能有人烟。

【日本】茨木则子
罗兴典 译

我的黄金时代①

抗日战争给中国人民留下了巨大的心灵创伤，作为发动侵略战争的日本一方，她的普通人民又作何感想？一个日本女孩回忆说："当我最美的时光，我却失去了打扮的机会。男人们只知道举手行军礼，留下多情的眼神都上了前线。没有青春，没有爱情，甚至没有蓝天。战争打败了，我活在屈辱之中。美国人倾销的爵士乐，让我的青春迷狂……"中国读者忍不住会质问：当年，一个个中国女子最美的时光，却过着怎样非人的生活？！没有必要，逼着一个日本诗人为她的政府道歉，作为个人，她也是战争的受害者。

茨木则子（1926年生），日本女诗人。

在我的黄金时代，
街道在哗哗地崩坍，
从稀奇古怪的一隅，
偶尔看到一片蓝天。

在我的黄金时代，
工厂、海上和无名小岛，
周围的人纷纷遭死难，
我失去了打扮的时间。

在我的黄金时代，
谁也没赠我珍贵的纪念，
男人们只送我一个举手礼，
留下多情的眼神都上了前线。

---

① 选自陈岩主编《日本历代著名诗人评介》，上海外语教育出版社，1999年版。

在我的黄金时代,
我的头脑空白一片。
我的性情顽固乖张,
只有手脚闪着酱色的光彩。

在我的黄金时代,
我的国家吃了败仗。
它是荒唐透顶!
我挽起袖子迈步在屈辱的街上。

在我的黄金时代,
广播里充斥着爵士乐。
我像解除禁烟时的眩晕,
狂吮着异国音乐的甘芳。

在我的黄金时代,
我饱经忧患,
一身的傻气,
受尽了凄凉。

因此我决定尽可能长生,
要像法国的鲁欧①爷爷那样,
晚年还绘出极美的图画。
朋友,你说是吗?

---

① 鲁欧(1871~1958),法国画家。

【苏联】阿赫玛托娃
飞白 译

悼友人①

　　战争胜利了，苦难结束了，受尽磨难的俄罗斯女诗人阿赫玛托娃却写下了这样哀而不伤的诗句："迟到的春天像一个寡妇，在无名墓旁忙忙碌碌。"寡妇丧偶，哀痛莫名，然而她没有绝望，她在死亡的废墟上重新打扮一个春天。

胜利日②蒙着一片柔和的雾，
升起猩红的霞光，如火如荼。
迟到的春天像一个寡妇
在无名墓旁忙忙碌碌。
她双膝跪着，依依不舍，
吹拂着嫩芽，抚摩着草叶，
把肩上栖息的蝴蝶放到地上，
让第一朵蒲公英展开绒毛如雪。

1945年

---

① 选自乌兰汗编选《苏联当代诗选》，外国文学出版社，1984年版。
② 指1945年对德国法西斯的胜利日。

【美国】庞德
赵毅衡 译

为了千疮百孔的文明①

> 为什么要打仗呀，人类？为什么要自相残杀？是不是人类的文明，蕴含着战争的基因？是不是人类的文化传统，并没有教会人尊重同类？是不是我们从一开始，就走上了一条不归路？
> 庞德（1885~1972），美国意象派诗歌运动发起人，和艾略特同为后期象征主义诗歌的领军人物。他从中国古典诗歌、日本俳句中生发出"诗歌意象"的理论，为东西方诗歌的互相借鉴做出了卓越贡献。

他们大群大群地死去，
他们中最优秀的人，
为了那老掉牙的婊子
为了那千疮百孔的文明，

可爱，漂亮嘴唇上的微笑
消失在泥土眼睑下的灵巧的眼睛，

为了两百来个破碎的塑像，
为了几千本破烂的书籍。

节选自《休·赛尔温·莫伯利》（1920年）

---

① 选自赵毅衡编译《美国现代诗选》，外国文学出版社，1985年版。

【美国】鲍勃·迪伦
袁可嘉 译

就在空中飘①

鲍勃·迪伦是美国当代民歌作者,此歌是反战的呼声。和平的呐喊就在空中飘,然后传遍大地,栖落在每一个人的心上。

一个人得走过多少路程才配得上人的称号?
对,一只白鸽得飞过多少个海洋才能在沙上睡觉?
对,这些炮弹得飞多少回,才能永远禁止掉?
朋友,回答就在空中飘,回答就在空中飘。

一个人得抬头多少回,才能看到蓝天照?
对,一个人得有多少只耳朵,才能听到人民的呼号?
对,得死多少人,他才明白人已死得不算少?
朋友,回答就在空中飘,回答就在空中飘。

一座山得经过多少年才能夷平为海道?
对,有的人得活多少年才能把自由争到?
对,一个人能摇头多少回,假装啥也没看到?
朋友,回答就在空中飘,回答就在空中飘。

---

① 选自袁可嘉主编《欧美现代十大流派诗选》,上海文艺出版社,1991年版。

【美国】艾略特
赵毅衡 译

窗前晨景①

在那些生机勃勃的人眼中,有一个活力无穷的世界;而在那些厌倦了生活的人眼里,有一个无聊的世界。女仆潮湿的灵魂在沮丧地发芽,她对生活的失望在一天天加深;涌动的晨雾中路人的面孔歪歪扭扭,很难见到一张真面目;晨雾撕下人脸上的呆笑,让这虚假的表情干脆消失。这个世界多么无聊。诗人这天早晨心情不好,因为最大的无聊,就来自于窗后那双慵倦的眼睛。

艾略特(1888~1965),早年两次进入哈佛大学研习哲学和东方文化。写诗则为一代英语诗歌盟主,以学问入诗,大约是诗歌附带注释最多的诗人,自称追求一种"既不学究气,又不庸俗"的语言风格。1948年以"革新现代诗,功绩卓著的先驱"获诺贝尔文学奖。

地下厨房里早餐盘子哗哗响,
而沿着行人践踏的街道两边,
我觉察到女佣人潮湿的灵魂
在大门口沮丧地冒出嫩芽。

晨雾的黄色波浪从街道底上
向我抛来一个个扭歪的面孔,
从穿脏裙子的路人脸上撕下
一个无目的的笑,让它飘在空中
沿着屋檐的水平方向渐渐消失。

1917年

---

① 选自赵毅衡编译《美国现代诗选》,外国文学出版社,1985年版。

【英国】菲·拉金
殷宝书 译

癞蛤蟆①

日复一日的工作真让人疲乏,尤其是从事体力劳动,就像蹲在背上的一只癞蛤蟆,让人恶心又难缠。脑力劳动似乎要自在得多,而那些不工作的人也活得轻松。可我不能去领救济金,因为有另外一只癞蛤蟆压在我的心上,那就是我做人的自尊。它不允许我不劳而获,也不允许我从事那种吹吹拍拍的所谓智力劳动,那不符合我做人的原则。鱼与熊掌不可兼得,要不失尊严地活着,就必须从自己眉毛的汗水中挣取面包。所以,我把两个癞蛤蟆一身背,丢掉哪个也不舍得。

菲·拉金(1922~1985),英国风格独具的诗人。

为什么让工作这只癞蛤蟆
　　蹲在我的脊背,
何不拿起智力这把叉子,
　　赶走这个丑类?

每周它占去我整整六天,
　　向我散发着毒汁;
都只为支付生活的开销,
　　这未免得不偿失。

世上许多人借智力谋生:
　　其中有讲师、笨伯、
无赖、乡愿、结巴——
　　下场也并非当乞丐。

许多人身居陋巷,

---

① 选自殷宝书编译《怎样欣赏英美诗歌》,北京出版社,1985年版。

搪不起炉灶用铁筒，
吃的是烂苹果、罐头沙丁——
　　　他们都活得很轻松。

他们的孩子成年打赤脚，
　　　老婆更不像样子，
瘦得活像只瘦狗——然而
　　　他们也没有饿死。

啊，但愿我能鼓起勇气，
　　　说我要停止工作领救济，
但是我心中十分清楚，
　　　这种话只能是梦呓。

因为还有一只癞蛤蟆。
　　　时时压在我身上；
它的屁股可能千斤重，
　　　它的寒气赛冰霜。

它将不许我吹吹拍拍，
　　　轻而易举地得到
赫赫声名、姣好妻子
　　　和金钱票子满腰包。

我不是说工作这只癞蛤蟆
　　　就包括精神的癞蛤蟆，
我是说，我身上既然有两个，
　　　丢掉哪个也舍不得。

【澳大利亚】霍普
黄燎原 译

留下的伊甸园①

假如当时在伊甸园，夏娃偷吃了苹果，而愤怒的亚当把她赶走，独自一人留在园子里赏玩自己的完美。那么，上帝会给夏娃一个新丈夫，让他们两个垦荒、生育、老死。而高傲的亚当，则永远年轻、孤独、没有伴侣、不会做一个男人。上帝是多么公正啊！一则改写的传说，表明男女双方要共同承担生活的一切，不光是甜蜜、快乐、悠闲，也包括苦难、劳累、罪过。

愤怒的亚当不会和夏娃共食，
他们说，她是从他身边被赶走的。
看她泪水中紧闭之门，他无可奈何，
他悲痛欲绝，但他用高傲支撑自己。

他爬过墙，因为他的孤独
渴望看到她尘世中孤独的身影；
看哪，他们两个人！上帝是多么的公平，
在荒野上，他给了她一个丈夫。

一天又一天，他看着他们开垦粗糙坚硬的土地，生儿育女，在荒原上老去，直到最后死亡。可是亚当，上帝没有再换给他一个伴侣，他生活得不朽、年轻、戴着贞洁的王冠，但是他不能生育、阳痿，这多么公正啊！

---

① 选自黄燎原译《我的黎明俪歌》，花城出版社，1992年版。

【美国】庞德
赵毅衡 译

敬 礼①

现在的年轻人真是自大透顶、别扭透顶，一味追求新鲜的刺激、奢侈的消费，却什么都看不惯。我看过穷人的笑，无牵无挂，阳光般幸福。我这个多愁善感的诗人，也比你们盲无目的地生活要幸福；而在那些朗笑的穷人面前，我才明白自己的幸福有多可怜。最动人的幸福是——"鱼在水中乐，连衣服也没有。"向那些单纯地享受生活的人敬礼！

哦自大透顶的一代，
　　别扭透顶的一代，
我见过渔民在阳光下野餐，
我见到他们一家衣衫破烂，
我见过他们咧嘴笑着，
　　听过他们粗野的狂笑。
我比你们远为幸福，
而他们又比我们幸福多倍；
鱼在水中乐，
　　连衣服也没有。

1915年

---

① 选自赵毅衡编译《美国现代诗选》，外国文学出版社，1985年版。

【美国】罗伯特·勃莱
王佐良 译

坐火车经过一处果园[①]

　　火车飞驰而过，车窗外果林茂盛。人的生命多么美好，又多么脆弱，像那些枝头挂着的苹果。一点小伤，我们就死亡。我们不像岩石那么坚固、顽强，我们需要彼此关照、彼此温暖。我想抓住随便哪个人的手，请他宽恕我的生硬，我也宽恕他的冷漠。

　　罗伯特·勃莱（1926年生），美国诗人。

苹果树下草好深。
树皮粗糙而又性感。
草长得密而不匀。
我们受不住灾难，
不如岩石——
它赤裸在开阔的田野上，
摇摆着。

一点小伤，我们就死亡！
这车上我谁也不认识。
有个人从过道里走来。
我想告诉他
我宽恕他，要他
也宽恕我。

[①] 选自王家新、沈睿编《当代欧美诗选》，春风文艺出版社，1994年版。

【美国】弗罗斯特
梁实秋 译

补 墙①

农庄的围墙老是坏，大概是有什么东西不喜欢墙。是什么东西呢？我不知道。这天，我相约邻居一起修墙。他那边全是松树，我这边是苹果园。为什么一定要有一堵墙，把彼此分开？我的苹果树又不会踱过去，吃他的松球。可邻居引用家传的格言："好篱笆造出好邻家。"他认真地搬动石头垒墙，像一个旧石器时代的野蛮人，护卫着蒙昧初醒的私有观念。一定有什么地方弄错了，那家传的格言，让我们彼此隔阂。造一堵墙，圈进来的是什么？私有财产。圈出去的是什么？人与人的信任。的确有个东西在跟墙为难，盼墙倒塌——那就是人和人坦诚相处的愿望。弗罗斯特擅长用惊人的朴素口语，挖掘出深刻的生活内涵。字面看似简单，其实是一种"令人上当的朴素"。

有一点什么，它大概是不喜欢墙，
它使得墙脚下的冻地涨得隆起，
大白天的把墙头石块弄得纷纷落；
使得墙裂了缝，二人并肩都走得过。
士绅们行猎时又是另一番糟蹋：
他们要掀开每块石头上的石头，
我总是跟在他们后面去修补，
但是他们要把兔子从隐处赶出来
讨好那群汪汪叫的狗。我说的墙缝
是怎么生的，谁也没看见，谁也没听见，
但是到了春季补墙时，就看见在那里。
我通知了住在山那边的邻居；

---

① 选自飞白主编《世界诗库》，花城出版社，1994年版。

有一天我们约会好，巡视地界一番
在我们两家之间再把墙重新砌起。
我们走的时候，中间隔着一垛墙。
落在各边的石头，由各自去料理。
有些是长块的，有些几乎圆得像球，
需要一点魔术才能把它们放稳当：
"老实呆在那里，等我们转过身再落下！"
我们搬弄石头，把手指都磨粗了。
啊！这不过又是一种户外游戏，
一个人站在一边。此外没有多少用处：
在墙那地方，我们根本不需要墙。
他那边全是松树，我这边是苹果园。
我的苹果树永远也不会踱过去
吃掉他松树下的松球，我对他说。
他只是说："好篱笆造出好邻家。"
春天在我心里作祟，我在悬想
能不能把一个念头注入他的脑里：
"为什么好篱笆造出好邻家？是否指着
有牛的人家？可是我们此地又没有牛。
我在造墙之前，先要弄个清楚，
圈进来的是什么，圈出去的是什么，
并且我可能开罪的是些什么人家，
有一点什么，它不喜欢墙，
它要推倒它。"我可以对他说这是"鬼"。
但严格说也不是鬼，我想这事还是
由他自己决定吧。我看见他在那里
搬一块石头，两手紧抓着石头的上端，
像一个旧石器时代的武装的野蛮人。
我觉得他是在黑暗中摸索
这黑暗不仅是来自深林与树荫。
他不肯探究他父亲传给他的格言，
他想到这句格言，便如此地喜欢，
于是再说一遍："好篱笆造出好邻家。"

【挪威】罗尔
飞白 译

你忘了①

　　一个人小时候天真烂漫,青春期梦想和希望接踵而来,在铸造人格的日子里,有微妙的事情发生。成年了,有人开始愤世嫉俗,活得垂头丧气,到老了,依然牢骚满腹;有人则雄心勃勃去开拓自己的世界,一一实现青春时代立下的人生大愿,因为他的思想,一直在直立行走。勿忘初衷,不熄梦想,不要轻易忘记了,春天在血液中汹涌的激情。

你忘了有一度
春天曾在你血里
配对,
你忘了你的双手
曾充满狂野的活力,
你忘了激情的乳汁
曾在你脉管里沸腾,
你忘了你心的红桃
增加醉酣,
你忘了欢乐曾流过全身
像飞奔的鹿,
你忘了树的肠子
像绳索一样粗糙,
你忘了处处花园
曾在地平线上奔跑,
你忘了蓝色的鱼儿
曾在天上乱蹦,

---

① 选自飞白主编《世界诗库》,花城出版社,1994年版。

你忘了春的气息
还未在沼泽里沉没。

你忘了你的思想
曾一度直立行走。

【圣卢西亚】沃尔柯特
飞白 译

黑八月①

人人都会有这一天的,太阳不出来了,痛苦和不幸像倾盆大雨浇湿了你的岁月,而你束手无策。最好有心理准备啊,不要任雨水浸透了你的整个人生。慢慢学会爱黑暗的日子,如同你爱光明的日子一样。正视它,黑八月,这也是你生命日历中应有的一页。

这么多雨水,这么多生活,正如这黑八月
肿胀的天。我的姐妹——太阳
在她的黄房间里抱窝不出。

一切东西都进地狱;山岭冒烟
像口大锅,河流泛滥;可是她
仍然不肯起来止雨。

她躲在房里赏玩古老东西——
我的诗、她的照相簿。哪管雷
像一摞菜盘从天上摔下来

她也不露面。
你不知道吗,我爱你,而对止雨
束手无策?但我正在慢慢学会

爱这阴暗的日子,这冒汽的山,
充满嗡嗡闲话的蚊子的空气
和啜饮苦药,

所以当你——我的姐妹

---

① 选自飞白主编《世界诗库》,花城出版社,1994年版。

重新出现,用你体谅的眼
和繁花的额分开雨的珠帘,

一切都会同往常不一样了,真的
(你看,他们不让我如我所愿地
爱),因为,我的姐妹呀,那时

我将已学会爱黑暗日子同光明日子一样,
爱黑的雨白的山,而从前,
我只爱我的幸福和你。

【丹麦】本尼·安德森
北岛 译

同 情①

一位绝望的朋友来信倾诉"残酷无情的生活",太多的悲哀和不幸的爱,让我同情心发作,顿时"使我老多了"。朋友啊,你突如其来一次性倾倒这么多生活的垃圾,压迫得我沮丧万分,我可能变得绝望,比你还绝望。"我躺在床上和你一起忍受煎熬",分担苦难,这是朋友的本分,可是我的同情心如此巨大,你可能说说就轻松了,我可是认真背负着这群痛苦的癞蛤蟆,为你消瘦,不久只剩皮包骨头,生命垂危,而无法再阅读你的来信。所以,请你把苦难化整为零,分多次诉说,比如先寄一张明信片,预报一下,让我有所准备,然后慢慢习惯后面的部分。但是你现在就必须写,请你快写,在我奄奄一息之前,请务必救救我。

本尼·安德森(1929年生),丹麦诗人、音乐家。他的伤感的幽默诗已成为民族的财富。

多谢你的来信,亲爱的朋友
我实在同情你
除了似乎太多
太多的悲哀和苦难
再加上不幸的爱
在同一封信中
它使我老多了
所以请下次
先寄一张明信片
稍带点轻微的暗示
我就会有所准备

---

① 选自北岛译《北欧现代诗选》,河北教育出版社,2004年版。

为剩余部分饮下某种勇气
再把它化整为零
那样我才会慢慢习惯
这回它突如其来
我被搞得精疲力竭
　　　　　沮丧万分
生活是冷酷无情的
你用这样的方式理解它
并劝我也如此
现在快写吧
在我变得完全绝望之前
你务必救救我
我躺在床上和你一起忍受煎熬
不久除了皮包骨头,我将一无所有
你不得不为我浪费一枚邮票。

【法国】魏尔伦
范希衡 译

天在那边屋顶上啊①

　　世界最大的秘密是时间。科学家孜孜以求宇宙的起源，也是探索时间的起源。人们对未来的希望，对过去的怀恋，对现实的诧异，都是在摸索时间之链。人们求仙、信教、建墓、刻碑、从艺、写作，都是企图留住时间。日月如梭，岁月如流，人活在时间之中，时间却旁若无人，一路狂奔。某天，你也会像诗人一样惊问："你怎么丢掉了，你的青春？那树荫、那钟声、那鸟鸣，就这么悠悠分割了你的岁月，而你总以为生活在别处，从没留意生命就是此时此刻的存在，生命的本质就是如此朴素、安宁。"

　　天在那边屋顶上啊
　　　　又静，又青！
　　树上那边屋顶上啊
　　　　摇着清荫。

　　钟在眼前的天上啊
　　　　悠悠其声，
　　鸟在眼前的树上啊
　　　　啾啾其鸣。

　　主，生命就在那儿呀，
　　　　朴质，安宁，
　　这片和平的闹声呀，
　　　　来自市心。

　　——你怎么丢掉了，你呀
　　　　哭个不停，

---

① 选自范希衡译《法国近代名家诗选》，外国文学出版社，1981年版。

>　你怎么丢掉了,说呀,
>　　　你的青春?

【苏联】日古林
王守仁 译

给伊琳娜①

即将离开人世的人，一般会与命运握手言和。所谓"人之将死，其言也善；鸟之将亡，其鸣也哀"。这是一曲生命的哀歌，但是哀而不伤，格调是温情和依恋。正因为生命短暂，它的温暖才令人难舍，宛如你的手，虽然纤小，却能抚慰我的一生。

生命可贵，可又短暂，
宛如你的手，它温暖……

啊，童年时代的梦幻，
仿佛生命不会有极限！

松树在林子里呜呜哭泣——
由于我即将离开人世。

命运注定我们能活几年？
我和你把什么留给人间？

留下儿子——我的血和骨，
留下诗句——我的悲和苦。

三岔路上金光闪闪的干草垛，
将被风吹得七零八落。

芦苇如同一个纤弱的小姑娘，
也像我的心儿一样歌唱。

叶片上晶莹的露水，
会酷似你的眼泪。

---

① 选自王守仁编《苏联抒情诗选》，湖南人民出版社，1984年版。

【爱尔兰】叶芝
王佐良 译

歌①

  时间使人体变形，人们用健身挽留青春。时间会把一个傻小子变得乖巧伶俐，对于追求女孩，他学会了一套甜言蜜语，可他已经失去了爱的能力，当他面对女性，脸上已不再有羞涩的红晕。大汗淋漓地举哑铃，百般殷勤地追女性，原来并不能使青春常在呀。谁能预料，心会变老？时间的魔法，真叫人莫测高深。

  我以为保持青春
  只需要不忘
  哑铃和练剑，
  就可以使身体少壮。
  啊，谁能预料
  心会变老？

  我会说许多话，
  但哪个女人会满意？
  因为我已不再昏眩，
  当我接近她的身体。
  啊，谁能预料
  心会变老？

  我没有失去欲望，
  只丢了过去的那颗心，
  我以为等我临终，
  它会点燃我的肉身，

---

① 选自王佐良主编《英国诗选》，上海译文出版社，1988年版。

可是谁能预料
心会变老?

【英国】哈代
钱兆明 译

挡住那月光①

当一颗心已经变老,他害怕妖媚的月光、不能仰望辉煌的星空、受不了缠绵的自然的芬芳:那些都令他回到美好的从前。他压抑自己的想象力,让目光局限在灯光所照明的四壁之间;他控制自己的内心情感,让嘴巴小心翼翼地发言。人生初开的花太香甜,可是不堪回首;人生的结果太苦,却只能默默下咽。

哈代(1840~1928),英国作家。他的小说《苔丝》为中国读者所熟悉。他的诗歌朴素而深刻,在英国诗坛占有重要地位。哈代写作此诗时(1904年),年逾六旬,与夫人曾有的恋情已被时间所冲蚀,两人感情冷漠。哈代常追忆往昔而感慨万分。

关上窗户,拉下窗帘,
　　挡住那悄悄洒来的月光,
她那姿色太像她从前——
　　在我们的琴儿还没积上
多年尘土,石碑犹未刻上
　　我们念到的名字那时光。

别踩上那露沾的草坪
　　去观望仙后星座,
浩茫的猎户座闪烁的图形,
　　或小熊座与大熊座。
闭户不出吧,那番胜景
　　凋零者娇丽时我们神往过。

---

① 选自王佐良主编《英国诗选》,上海译文出版社,1988年版。

別拂动树梢,叫午夜的香气
　　弥漫四周,缠绵不逸,
唤醒当年它吹给我和你的
　　同样甜蜜的情意,
那时节生活好比笑声,爱呀,
　　同人们所说的无异。

这灯光照明的普通房间,
　　锁住了我的视线与思路;
让杂物在曚昽中隐现,
　　敷衍的话语从口中编出;
人生初开的花呀,太香甜,
　　它结出的果子啊,太苦!

【奥地利】伊·布莱姆
绿原 译

玫 瑰①

　　玫瑰不能看一千遍，美人能看一千遍吗？好书能读一千遍吗？崇高的口号能重复一千遍吗？人生的欢乐能原样复制一千遍吗？时光飞逝，人生易老。青春不再，美丽不再，天真不再，梦想不再，激情不再，爱情不再，这世上有什么东西经得起"看一千遍"？这世上又有什么东西比人的心灵更渴望新鲜？然而，时间不让人永恒，却并未鼓励人抛弃过去的一切，过去是未来的起点，时间只是刺激人们不断用新的眼光去看待世界，永不懈怠地创造美、梦、爱和生活。

　　伊·布莱姆（1945年生），奥地利诗人。

把这些玫瑰
看上一遍，
还想把它们
看一千遍呢，
不料一百遍
就掉头而去，
因为连玫瑰
也不能看上
一千遍啊。

---

① 选自王家新、沈睿编《当代欧美诗选》，春风文艺出版社，1994年版。

【中国】蓝蓝

风中的栗树[1]

蓝蓝,中国当代青年诗人。关于这首性灵诗篇的写作情况,作者有过清晰的交代,不必我再饶舌了,请读附录。

让我活着遇见你
这足够了

风中的栗树
我那寒冷北方的栗树
被银色的月光照亮过
我多么想说出我所知道的
村庄的名字、晒麦场
睡杜鹃和只活一个夏天的甲虫
我知道我会哭它们
一年又一年脱离它们
在林中空地我踩着一个边
　　梦见它们
忘了这些,我就会蓦然
　　熄灭

我多么想对人说一说栗树的孤单
多想让人知道
我要你把我活着带出
时间的深渊

---

[1] 选自王燕生、谢建平主编《一首诗的诞生》,北方文艺出版社,2000年版。

附录：关于时间的哀歌（蓝蓝）

这是一个我几乎无法把握的题目，它涉及了时间，必然就包含着爱和悲伤。

不仅仅是这些。

你不断地在失去：那些你爱过的人，你见过的春天，你住过的房屋，你刚刚说出口的话语——无不飞速地离你而去。没有什么能留下，只有记忆，而你是这个世界遗产的继承者，生长着极普通的栗树，我看到了它，连同照亮它的月光、溪水，连同草丛中的鸣虫和山谷里阵阵夜的芳香。我知道有些东西进驻了我的身体。

它是我的。它们是我的。

我孤单地住在郊区租来的小屋里。每当阳光灿烂的日子，我会跑很远的路去看望地里青青的麦苗、大树、晒麦场。我捉住一只小甲虫，又放到草丛中，我知道它只能活一个夏天。我还知道，我亦和它一样，一分一秒地在死。剩下的日子不多了。

但我爱的亲人，我爱的自然万物，如果我不能挽留你们停留片刻，眼睁睁看着这些无辜的生命被时光无情地掠走，我还能做些什么呢？

我是无法被安慰的。眼里充满就要一泻而出的泪水。

那么，我只好写下一些亲爱的话，写下你们的名字，满怀忧伤地和你们一起度过相聚的日子。因为我爱，能在活着的日子与你们相遇，是我的幸福，同时更是我的悲伤。

我是一个身体里装满了往事的人，由此我获得了一个灵魂。是这样的，当我想念往事的时候，过去的一切就回到了我的身边。

回到了我的身边，却不在我的眼前，这却是我无法接受的事实。大自然有着它无情的法则，我没有抱怨，只有长长的哀歌。

"人是孤独的，有了爱，人会更加孤独。"时光在飞逝，但是，爱在挽留，它使人类对死亡的反抗获得了意义，尽管它也许会是徒劳的，而这又是多么悲壮的徒劳啊。

这是我写《风中的栗树》的缘由，也是我近几年写作的缘由。

那是1991年秋天的一个夜晚，匆匆在灯下写出的诗句。很短，也没有再修改。我知道窗外的夜空里有银月和疏落的星星，有风，慢慢在走。有人睡着了，有人却醒着。邻家的婴孩"哇"地哭了，传来母亲低低哄拍她的声音。

地球在茫茫宇宙中孤悬着，转动。

我的心中刚刚涌起了温情的甜蜜，随即又被隐隐的疼痛所送远了。我想我是个多么柔弱的生灵啊。

1993年7月于关虎屯

【英国】彭斯
周枫 董翔晓 译

过去的好时光①

  如果说今天的好时光，多数人会摇头否认，看不出今天这时光好在哪里；如果说未来的好时光，人们会惘然迷惑，未来到底有什么？如果说过去的好时光，人们立刻反应强烈，频频点头，若有所思，似乎人人都有大把好日子，扔在从前某个地方。人心就是这样呀，难怪普鲁斯特说："在我们的记忆中寻找失去的乐园，那唯一真实的乐园。"彭斯这首诗，配上苏格兰民歌的忧伤旋律，唱遍了全世界。

老朋友怎能忘记掉，怎能不记心上，
老朋友怎能忘记掉，那过去的好时光。
  亲爱的快来干一杯，为过去的好时光，
  来为那友谊干一杯，为过去的好时光。

我们曾漫步山冈上，那野菊分外香。
但以后分手去流浪，就不再有好时光。
  亲爱的快来干一杯，为过去的好时光，
  来为那友谊干一杯，为过去的好时光。

我们曾荡桨小河上，从日出到傍晚，
但海浪将我们分开，就不再有好时光。
  亲爱的快来干一杯，为过去的好时光，
  来为那友谊干一杯，为过去的好时光。

老朋友我们紧握手，来欢聚在一堂，
快痛饮一杯欢乐酒，为过去的好时光。

---

① 选自歌耶编《中外通俗歌曲大全——金曲301首》，中国文艺出版社，1989年版。原题《友谊地久天长》，标题为编者据彭斯诗作所改。

亲爱的快来干一杯,为过去的好时光,
来为那友谊干一杯,为过去的好时光。

【法国】拉马丁
程依荣 译

纪念册上的题词①

  如果人生真是一本书，可以随便翻阅该多好？那样我们就能洞察命运，未卜先知；我们可以随意跳过患难的章节，而在欢乐的章节久久驻足，流连忘返；我们甚至可以从结尾开始读起，随心所欲地重新设计开头、发展和高潮。可惜，诗人说："生命之书至高无上，不能随便翻阅，也不能随便合上。"我们只有老老实实一页一页读下去，怀着对时间的敬畏和对命运的憧憬。

  拉马丁（1790~1869），法国诗人。

生命之书至高无上，
不能随意翻阅，也不能合；
精彩的段落只能读一次，
患难之页自动翻过；
当你想重温过去的绵绵情肠，
读到的却是生命临终那一章。

---

① 选自华宇清编撰《金果小枝——外国历代著名短诗欣赏》，黑龙江人民出版社，1982年版。

【英国】兰陀
王佐良 译

七五生辰有感①

把适者生存的物种进化原理引入人类社会,或许是一个极大的错误。一个孩子从小就被赶进人生的竞技场,比分数、比能力、比规范;长大后,比收入、比地位、比名望。这些事情大都是社会期望你怎么活,却未必是你心中所愿的生活。它们都和人的欲望有关,却和人的灵魂无关。人,能否依照灵魂的渴求而生活呢?

兰陀(1775~1864),一译兰德,英国诗人。

不与人争,无人值得我争,
　　爱的是自然,其次是艺术。
生命之火前,我把双手烤烘,
　　火焰低落了,我准备离去。

---

① 选自王佐良主编《英国诗选》,上海译文出版社,1988年版。

【英国】史蒂文生
吴均陶 译

安魂曲

  人生观也就是人死观。明白了死，就知道了生。活得从容的人，必然死得安详，所谓视死如归吧。史蒂文生（1850~1894）死后，这首诗就刻在他的墓碑上。

在这寥廓的星空下面，
掘一座坟墓让我安眠：
我活得快乐，死也无怨，
  躺下的时候，心甘情愿。

请把下面的诗句给我刻上：
他躺在自己心向往之的地方，
好像水手离开大海归故乡，
  又像猎人下山回到了家园。

【美国】弗罗斯特
顾子欣 译

雪夜林边逗留①

从写实的层面读,诗的内容似乎明白如话:隆冬深夜,我牵着一匹小马,停在某人的树林边,呆了一会儿,然后继续赶路。从象征的层面读,意思大不相同:"他",暗指上帝;"树林",暗指死亡。我凝视着生命的归宿,无论是天堂还是地狱,作者只把它看作邻居家的树林,可爱、幽深。生与死的距离是这样近,就像穿过一片林子去串门。一种沉着大气、举重若轻的语气。但我并没有停下来,而是继续赶路。其中,"小马"成为我与自然的媒介,是自然中涌动着的生命的象征,小马摇铃唤醒了我生的热望,给全诗冷漠的色调和我孤寂的心灵注入暖意。生命的彼岸就在那里等着,死亡是顺其自然的事,不必着急。活着,才需要人们去用心。

我知道谁是这林子的主人,
尽管他的屋子远在村中;
他也看不见我在此逗留,
凝视这积满白雪的树林。

我的小马想必感到奇怪:
为何停在树林和冰封的湖边,
附近既看不到一间农舍,
又在一年中最黑暗的夜晚。

它轻轻地摇了一下佩铃,
探询是否出了什么差错。
林中毫无回响一片寂静,
只有微风习习雪花飘落。

---

① 选自诗刊社编《世界抒情诗选》,春风文艺出版社,1983年版。

这树林多么可爱、幽深，
但我必须履行我的诺言，
睡觉前还有许多路要走啊，
睡觉前还有许多路要赶。

【美国】狄金森
余光中 译

殉 美①

如果问：你为什么而死？其实是问：你为什么而生？人活过一生之后，能够当此一问的人没有白活。多少人死后，经不起这一问：你为什么而死？

  我为美死去，但是还不曾
    安息在我的墓里，
  又有个为真理而死去的人
    来躺在我的隔壁。

  他悄悄地问我为何以身殉？
    "为了美。"我说。
  "而我是为了真理，两者不分家；
    我们是兄弟两个。"

  于是像亲戚在夜间相遇，
    我们便隔墙谈天，
  直到青苔爬到了唇际，
    将我们的名字遮掩。

---

① 选自飞白主编《世界诗库》，花城出版社，1994年版。

【美国】狄金森
蒲隆 译

由于我无法驻足把死神等候①

　　没有谁活着是为了等待死亡，但死神总是耐心地把每个人守候。狄金森以温良的心思设计了一种奇妙的景况：当死神来与我见面的时候，就像一个新郎来迎接新娘。他用马车把我载上，去向一个永生的地方。他是如此彬彬有礼，我安静地把劳作和消遣搁置一旁，与子同车。我们经过学校，在那群娃娃中有我蹦跳的身影；经过田野，那是我成年生活的地方；经过夕阳，不，是夕阳经过我的身旁，晚年已悄然而至，我为死神披上的婚纱使我浑身冰凉。一生就这么历历在目，前面已是一抔黄土——我此生的终点，也是我永生的起点，就像我从小就相信的那样。把死神想象成一个文质彬彬的求爱者，把弥留之际设想为一次漫不经心的愉快旅行，这是狄金森的独创。只有内心安详地活过一生的人，才会如同尊重生命一样尊重死亡。诗人塔特认为这是"一首完美的诗……最伟大的英文诗之一"。

　　由于我无法驻足把死神等候——
　　他便好心停车把我接上——
　　车上载的只有我们俩——
　　还有永生与我们同往。

　　我们驾车款款而行——
　　他也知道无须匆忙
　　为了报答他的礼貌，
　　我把劳逸搁置一旁——

　　我们经过学校，学生娃娃

---

① 选自《我们无法猜出的谜——狄金森选集》，蒲隆译，作家出版社，2001年版。

围成一圈——争短斗长——
我们经过庄稼弥漫的田野——
我们经过沉没的夕阳——

或者不如说——夕阳经过我们身旁——
露珠儿颤悠悠阴冷冰凉——
只因我长袍薄似蝉衣——
我的披肩也跟网纱一样——

我们停在一座房舍前
它好似土包隆起在地上——
屋顶几乎模糊难辨——
檐口——也隐没在地中央——

自那时起——已过了几个世纪——
然而感觉起来还不到一日时光
马头朝着永恒之路
这也是我最初的猜想——

【英国】托马斯·格雷
卞之琳 译

墓园挽歌①

　　从黄昏起笔写墓园，用一种沉静的调子，引出肃穆的气氛：晚钟报丧，牛羊归圈，"把整个世界留给了黄昏与我"。这种时候去墓园凭吊，情景相谐。眼下的墓地，荒冢累累，"小村里粗鄙的父老在那里安睡"，诗人进入对生命的沉思——为普通人的生命辩护。用古典主义的习惯写作手法，将抽象品质拟人化。用世人津津乐道、孜孜以求的"雄心""豪华""荣誉""知识"等来考量穷人的生命，质疑命运封闭了穷人幸运的大门。想象力腾跳飞跃，发出惊人的感叹："世界上多少晶莹皎洁的珠宝，埋在幽暗而深不可测的海底；世界上多少花吐艳而无人知晓，把芳香白白地散发给荒凉的空气。"这些默默无闻的灵魂，原本会变成多少赫赫有名的风云人物，但他们"远离了纷纭人世的勾心斗角"，"顺着生活的清凉僻静的山坳，他们坚持了不声不响的正路"。诗人以朴素的人道主义和高超的理性做出判断：这些人才是人间正当生活着的人。诗人的思绪突然跳到自己，"我用诗句讲述老百姓的故事，是否会有白头的乡下人这样留意自己，并转述给另一位诗人，说——他爱在山野漫步，口中念念有词，他这样不求名利地逍遥一生。如果要知详情，请你去看他的墓志铭。"
　　托马斯·格雷（1716~1771），剑桥大学历史学和语言学教授。《墓园挽歌》是18世纪末期感伤诗歌的经典及浪漫诗歌的先声。

　　　　晚钟响起来一阵阵给白昼报丧，
　　　　牛群在草原上迂回，吼声起落，
　　　　耕地人累了，回家走，脚步踉跄，
　　　　把整个世界留给了黄昏与我。

　　　　苍茫的景色逐渐从眼前消退，

---

① 选自王佐良主编《英国诗选》，上海译文出版社，1988年版。

一片肃穆的寂静盖遍了尘寰,
只听见嗡嗡的甲虫转圈子纷飞,
昏沉的铃声催眠着远处的羊栏。

只听见常春藤披裹的塔顶底下
一只阴郁的鸱枭向月亮诉苦,
怪人家无端走进它秘密的住家,
搅扰它这个悠久而僻静的领土。

峥嵘的榆树底下,扁柏的荫里,
草皮鼓起了许多零落的荒堆,
各自在洞窟里永远放下了身体,
小村里粗鄙的父老在那里安睡。

香气四溢的晨风轻松地呼召,
燕子从茅草棚子里吐出的呢喃,
公鸡的尖喇叭,使山鸣谷应的猎号
再不能唤醒他们在地下的长眠。

在他们,熊熊的炉火不再会燃烧,
忙碌的管家妇不再会赶她的夜活儿;
孩子们不再会"牙牙"地报父亲来到,
为一个亲吻爬到他膝上去争夺。

往常是:他们一开镰就所向披靡
顽梗的泥板让他们犁出了垄沟;
他们多么欢欣地赶牲口下地!
他们一猛砍,树木就一棵棵低头!

雄心别嘲讽他们实用的操劳,
家常的欢乐,默默无闻的运命;
豪华也不用带着轻蔑的冷笑
来听讲穷人的又短又简的生平。

门第的炫耀,有权有势的煊赫,
凡是美和财富所能赋予的好处,
前头都等待着不可避免的时刻:

光荣的道路无非是引导到坟墓。

骄傲人,你也不要怪这些人不行,
怀念没有给这些坟建立纪念堂,
没有让悠长的廊道、雕花的拱顶
洋溢着洪亮的赞美歌,进行颂扬。

栩栩的半身像、铭刻了事略的瓮碑,
难道能恢复断气,促使还魂?
荣誉的声音能激发沉默的死灰?
谄媚能叫死神听软了耳根?

也许这一块地方,尽管荒芜,
就埋着曾经充满过灵焰的一颗心;
一双手,本可以执掌到帝国的王笏
或者出神入化地拨响了七弦琴。

可是知识从不曾对他们展开
它世代积累而琳琅满目的书卷;
贫寒压制了他们高贵的襟怀,
冻结了他们从灵府涌出的流泉。

世界上多少晶莹皎洁的珠宝
埋在幽暗而深不可测的海底:
世界上多少花吐艳而无人知晓,
把芳香白白地散发给荒凉的空气。

也许有乡村汉普敦在这里埋身,
反抗过当地的小霸王,胆大、坚决;
也许有缄口的弥尔顿,从没有名声;
有一位克伦威尔,并不曾害国家流血,①

要博得满场的元老雷动的鼓掌,
无视威胁,全不管存亡生死,
把富庶、丰饶遍播到四处八方,

---

① 汉普敦(1595~1647),在国会曾为反对查理一世的领袖,后在内战中阵亡。他和克伦威尔(1599~1658)是表亲,常在乡居接受后者的来访。弥尔顿早年住过地处英格兰中部离"哀歌的墓园"斯托克·坡吉斯不远的乡村,写过他早期几篇名诗,晚年又从伦敦退居近旁另一处。

打从全国的笑眼里读自己的历史——

他们的命运可不许：既不许罪过
有所放纵，也不许发挥德行；
不许从杀戮中间涉登宝座，
从此对人类关上仁慈的大门；

不许掩饰天良在内心的发作，
隐瞒天真的羞愧，恬不红脸；
不许用诗神的金焰点燃了香火
锦上添花去塞满"骄""奢"的神龛。

远离了纷纭人世的勾心斗角，
他们有清醒的愿望，从不学糊涂，
顺着生活的清凉僻静的山坳，
他们坚持了不声不响的正路。

可是叫这些尸骨免受到糟蹋，
还是有脆弱的碑牌树立在近边，
点缀了拙劣的韵语、凌乱的刻画，
请求过往人就便献一声惋叹。

无文的野诗神注上了姓名、年份，
另外再加上地址和一篇诔词；
她在周围撒播了一些经文，
教训乡土道德家怎样去死。

要知道谁甘愿舍身哑口地遗忘，
坦然撇下了忧喜交织的此生，
谁离开风和日暖的明媚现场
而能不依依地回头来顾盼一阵？

辞世的灵魂还依傍钟情的怀抱，
临闭的眼睛需要尽哀的珠泪，
即使坟冢里也有自然的呼号
他们的旧火还点燃我们的新灰①。

---

① 灰（或尘），按基督教说法，就是肉体。

至于你，我关心这些陈死人，
用这些诗句讲他们质朴的故事，
假如在幽思的引导下，偶然有缘分，
一位同道来问起你的身世——

也许会有白头的乡下人对他说，
"我们常常看见他，天还刚亮，
就用匆忙的脚步把露水碰落，
上那边高处的草地去会晤朝阳；

"那边有一棵婆娑的山毛榉老树，
树底下隆起的老根盘错在一起，
他常常在那里懒躺过一个中午，
悉心看旁边一道涓涓的小溪。

"他转悠到林边，有时候笑里带嘲，
念念有词，发他的奇谈怪议，
有时候垂头丧气，像无依无靠，
像忧心忡忡或者像情场失意。

"有一天早上，在他惯去的山头，
灌木丛、他那棵爱树下，我不见他出现；
第二天早上，尽管我走下溪流，
上草地，穿过树林，他还是不见。

"第三天我们见到了送葬的行列，
唱着挽歌，抬着他向坟场走去——
请上前看那丛老荆棘底下的碑碣，
（你是识字的）请念念这些诗句"：

墓 铭

这里边，高枕地膝，是一位青年，
生平从不曾受知于富贵和名声；
知识可没有轻视他出身的微贱，
清愁把他标出来认作宠幸。

他生性真挚，最乐于慷慨施惠，
上苍也给了他同样慷慨的报酬：
他给了坎坷全部的所有，一滴泪；
从上苍全得了所求，一位朋友。

别再想法子表彰他的功绩，
也别再把他的弱点翻出了暗窖
（它们同样在颤抖的希望①中休息）。
那就是他的天父和上帝的怀抱。

---

① "颤抖的希望"，是因为基督教义认为世界末日即最后审判日，届时死人都得从坟墓里起来接受审判。

【英国】狄兰·托马斯
巫宁坤 译

死亡也一定不会战胜①

世间最强大的力量并不是死亡，而是生命，死亡也不能独霸四方。人可以永垂不朽，至少有三个理由：第一，只要有信仰，人就会死而复生。第二，地狱般的磨难可以消耗人的肉体，但并不能使人的精神屈服。第三，物质不灭，即便太阳崩溃，生命也会以新的形式存在。诗中用了许多基督教的典故，撇开这些不论，诗人对死亡的蔑视和训斥也令人荡气回肠。何况有如此漂亮的句子值得玩味："死者的骨头会化作星星；纵使情人都伤逝，爱情却无恙。虽然人不免一死，但人的头颅将在雏菊中崭露……"

死亡也一定不会战胜。
赤条条的死人一定会
和风中的人西天的月合为一体；
等他们的骨头被剔净而干净的骨头又消失，
他们的臂肘和脚下一定会有星星；
他们虽然发疯却一定会清醒，
他们虽然沉沦沧海却一定会复生，
虽然情人会泯灭，爱情却一定长存；
死亡也一定不会战胜。

死亡也一定不会战胜。
在大海的曲折迂回下久卧
他们绝不会像风一样消逝；
当筋疲腱松时在拉肢刑架上挣扎，
虽然绑在刑车上，他们却一定不会屈服；
信仰在他们手中一定会折断，

---

① 选自王佐良主编《英国诗选》，上海译文出版社，1988年版。

双角兽般的邪恶也一定会把他们穿刺；
纵使四分五裂他们也决不会屈服；
死亡也一定不会战胜。

死亡也一定不会战胜。
海鸥不会再在他们耳边啼叫
波涛也不会再在海岸上喧哗冲击；
一朵花开处也不会再有
一朵花迎着风雨招展；
虽然他们又疯又僵死，
人物的头角将从雏菊中崭露；
在太阳中碎裂直到太阳崩溃，
死亡也一定不会战胜。

【英国】哈代
钱兆明 译

身 后①

人死后会怎样呢？流芳千古和遗臭万年都是极端的想法，或许，能留在世间的，只是熟悉的人——比如说邻居们——嘴上的几句牵念吧？哈代没把自己想得有多么了不起，他深知任何人无论生前多么显赫，离开人世时，也是凡人一个。能被常人念叨，足以令人安慰。因为心态平实，所以对自己的盖棺论定就有了幽默感——我本凡人，只不过对春天、黄昏、小生命、钟声和满天星斗有较多兴趣而已。此诗是哈代的晚年名作，相当于他给自己写的墓志铭。

哈代(1840~1928)，英国作家，中青年时是著名小说家，晚年是大诗人，著有《德伯家的苔丝》等。

当我不安度过一生后，"今世"把门一锁，
  五月又像新丝织成的纤巧的翅膀，
摆动起欢快的绿叶，邻居们会不会说：
  "他这个人素来留意这样的景象？"

若是在黄昏，如眼睑无声地一眨那样，
  暮天的苍鹰掠过高地的阴影
落在叫风吹斜的荆棘上，注视者会想：
  "这准保是他熟悉的情景。"

我若死于一个飞蛾联翩、温暖漆黑的夜里，
  当刺猬偷偷摸摸地穿过草地时，
有人会说："他为保护这些小生命出过力，
  但没做成什么；如今他已去世。"

---

① 选自王佐良主编《英国诗选》，上海译文出版社，1988年版。

人们传开我终于安息的消息后,
  若倚门仰望冬夜布满星斗的天际,
愿从此见不到我的人心中浮现这样的念头:
  "他这个人可洞悉那里的奥秘。"

当丧钟开始为我哀鸣,一阵轻风吹过,
  哀音随之一顿,旋即继续轰鸣,
仿佛新的钟声又起,可有人会说:
  "他听不见了,过去对这却总留心?"

【俄国】普希金
戈宝权 译

纪念碑①

　　追求流芳千古也不是不可能的，如果你的确为人类做出过巨大贡献的话。普希金就有这种自信：我为自己建立了一座非人工的纪念碑，不是用岩石，而是用我的诗歌。我的灵魂活在诗中，比我的肉体活得久长。我将永垂不朽，只要月光下的世界上还有一位诗人，那就是我。我定将名声远扬。你问我为何如此自信，因为我曾用我的诗歌唤起人们的善心，在这残酷的世纪，我歌颂过自由，并且还为那些没落了的人们，祈求过怜悯同情。这理由够不够充分？诗神缪斯呀，我们不必为了荣誉去和愚妄的人争论。

　　由于爱情诗的广为流传，浪漫派诗人常被人认为只是爱神花园里的夜莺。这是肤浅的误解。不管后人多么津津乐道他们的风情艳史，浪漫派诗人从来不是仅仅为爱情而活着的人，他们最光彩的诗篇都是献给理想、关于时代的，其次才是关于女性和爱情的，正如他们首先是人杰，其次才是诗人。同样，他们的诗篇都洋溢着青春的热力，但它所达到的境界并不只是青春之歌。请听听普希金自由的呐喊——

　　普希金不见容于当时的政府，面对专制权力和市侩社会，他不仅是思想上的反叛者和文字上的呐喊者，更是行动上的流亡者。他不是在纸上写写的自由主义者，他有自由之心，也有自由之胆，可惜，他没有自由之脚。

　　16岁，在皇家贵族学校——皇村中学就读的普希金就以诗扬名。18岁，写作《自由颂》，一举跃上俄国激进思想的潮头。就像所有敏锐的天才一样，总是先人一步率先表达出民族和时代的最强音，普希金的《自由颂》，是在沙皇专制的俄国发出的第一声追求民主自由的呐喊："来吧，揪下我头上的桂冠，把这娇柔无力的竖琴砸烂……我要向世人歌颂自由，我要抨击宝座的罪愆。"（魏荒弩译）

　　柔婉的夜莺变作雄浑的狮子吼，不是每一个浪漫诗人都能够这样

---

① 选自诗刊社编《世界抒情诗选》，春风文艺出版社，1983年版。

"变声"的。普希金的天才正在于此,普希金的伟大也正在于此。在一个死气沉沉的老迈帝国,普希金率先反弹,以初生牛犊不怕虎的勇气为民族的传统思想松绑。谁说普希金只懂得卿卿我我?一个夜莺的胸膛里是生不出一颗狮子的雄心的,除非他原本就是一头雄狮。普希金的目光并不只是盯着美人儿,他的视野中充满祖国的苦难和民族的悲哀。这正是一个伟大作家必备的胸襟。

普希金揭露现实的丑恶时,大气磅礴,文锋所至,所向披靡。《自由颂》在民间以手抄本的形式秘密流传。它是青年军官、大学生、普通百姓们接触自由思想的启蒙读物。当时,酝酿推翻沙皇专制的由中下层军官组成的"十二月党人",人人都会背诵这首诗,有许多人就是因为读了这首诗以后才参加起义的。年轻的诗人获得巨大的荣誉,这是人民中最先进的人们由衷地赠送给自己的代言人的。

"十二月党人"的首领之一恰阿达耶夫,与普希金有着兄弟般的情谊,诗人的赠诗《致恰阿达耶夫》表达了这种不同凡俗的基于理想的高洁的友情:"我们忍受着期待的煎熬,切盼那神圣的自由时刻的来到,正像风华正茂的恋人,等待忠实的幽会时分……同志啊,请相信:空中会升起,一颗迷人的幸福之星,俄罗斯会从睡梦中惊醒,并将在专制制度的废墟上,铭刻下我们的姓名!"(乌兰汗译)

写作这首著名诗篇的时候,普希金只有19岁。早年与贵族革命者"十二月党人"的密切接触(有几位首领就是普希金在皇村中学的同学),使诗人思想更为成熟。在诗中,诗人以等待恋人的心情听候着祖国的召唤,切盼着自由时刻的到来,贴切的比喻既饱含青春活力,又传达出高尚情怀,真是生花妙笔。年轻的诗人有着高远的理想,但是,在他把名字刻上废墟之前,沙皇镇压了"十二月党人"起义,并把诗人流放到更偏远的南方。普希金一生都想出走国外,可惜未能成行。

"十二月党人"的五个首领被处决,100多人被流放到西伯利亚,有的流放者在身上秘密佩戴着刻有上述诗句的徽章。幸存的诗人关注着他们,尤其被"十二月党人"的妻子们所感动——这些高贵的女子纷纷自愿抛弃繁华的京城生活,孤身前往荒寒的灭绝之地西伯利亚,以生命的温暖和爱情的高尚来陪伴被终生流放的丈夫。这意味着,她们自愿选择了终生流放和服苦役,她们是俄罗斯的女英雄。普希金托其中的一位带去一首诗:"在西伯利亚矿山的深处,保持住你们高傲的耐心……爱情和友谊一定会穿过,阴暗的闸门找到你们,就像我的自由的声音,来到你们服苦役的黑窝。"(《在西伯利亚矿山的深处》,卢永译)

这是一首鼓舞士气的诗歌，它传达了希望之声，读来令人豪情顿生；这又是一首讴歌英雄和女英雄的现实的诗歌，它赞美了英雄的坚韧，也颂扬了——应该是真实反映了那些女英雄们的行为——及时出现的诗歌给流放的革命者以巨大的鼓舞和安慰。

诗人直接参与了历史进程，以他的诗歌直接影响了他所处时代的最先进的群体，进而干预了那个时代的历史进程。作为那个时代的贵族中最优秀的知识分子，普希金对那个社会的革命行动具有坚定的信念，他乐观的诗歌揭示了那个时代最进步的民族心理，激励了人们对自由的渴望和追求。如果说，爱情诗篇使诗人杰出，那么，政治抒情诗则使诗人伟大。

> 我为自己建立了一座非人工的纪念碑，
> 在人们走向那儿的路径上，青草不再生长，
> 它抬起那颗不肯屈服的头颅，
> 　　高耸在亚历山大的纪念石柱之上。
>
> 不，我不会完全死亡——我的灵魂在圣洁的诗歌中，
> 将比我的灰烬活得更久长，和逃避了腐朽灭亡，
> 我将永远光荣不朽，即使还只有一个诗人活在月光下的世界上。
>
> 我的名声将传遍整个伟大的俄罗斯，
> 它现存的一切语言，都会讲着我的名字，
> 无论是骄傲的斯拉夫人的子孙，是芬兰人，
> 　　以及现在还是野蛮的通古斯人，
> 　　　　和草原上的朋友——卡尔美克人。
>
> 我所以永远能和人民亲近，
> 是因为我曾用我的诗歌唤起人们的善心，
> 在这残酷的世纪，我歌颂过自由，
> 　　并且还为那些没落了的人们，
> 　　　　祈求过怜悯同情。
>
> 哦，诗神缪斯，听从上帝的旨意吧，
> 既不要畏惧侮辱，也不要希求桂冠，
> 赞美和诽谤，都平心静气地容忍，
> 　　也不要和愚妄的人空作争论。

1836年8月12日于石岛

【法国】普吕多姆
胡小跃 译

眼　睛①

　　无数美丽的眼睛曾经注满黎明的曙光,如今已悄然熄灭,而太阳却依然升起。黑的夜有白的星,明亮的眼睛却布满阴影。星星会西斜,眼睛也要休息。因为迷恋黑夜,眼睛已化作群星,它们在未知的世界,张望黎明。闭上的眼睛还在看,看着你;还在望,望着人间大地。

蓝的,黑的,都可爱,都很美,
无数的眼睛看见过黎明的曙光;
如今,它们却在坟墓深处沉睡,
而太阳,照常升起在东方。

黑夜比白昼更温柔美妙,
它迷住了数不清的眼睛;
星星还在天空中闪耀,
眼睛却布满了阴影。

啊!难道它们失去了视力?
不!这不是真的!
它们转向了某个地方,
转向了肉眼看不见的地方。

西斜的星辰虽然离开了我们,
但仍然高高地挂在天上,
瞳仁也一样,需要休息、睡眠,
但它不可能真的灭亡。

---

① 选自普吕多姆《孤独与沉思》,胡小跃译,漓江出版社,2001年版。

蓝的,黑的,都可爱,都很美,
它们在坟墓的另一方,
对某个宏伟的黎明张开,
闭上的眼睛还在看,还在望。

【美国】弗罗斯特
赵毅衡 译

走 了①

死亡算什么东西？它不是深渊，不是失乐园。况且，谁也无法把我赶出人间。我只是不必再跋涉，而是远走高飞（正如一位中国诗人说的，挥挥手，不带走一片云彩）。朋友们照样饮酒作乐吧，不必哀哀泣泣。不过，我事先声明：如果这世界变得不像话了，我很可能，再一次回来。

此刻我正走出
世界的荒漠，
我的鞋和袜子
不再使脚难过。

城里的好朋友
我让他们自在，
开杯喝足美酒
一觉睡得甜黑。

别以为我正走向
黑暗的深渊，
就像亚当夏娃
赶出伊甸乐园。

请忘了这神话
这世上没一个人
能够把我赶走
或者使我恼恨。

---

① 选自赵毅衡编译《美国现代诗选》，外国文学出版社，1985年版。

如果我没想错
我只服从一句
歌曲中的词儿：
"我——高飞——远去。"

要是我在死后
所看到的事态
并不使我满意，
我很可能回来。

1962年

【美国】弗罗斯特
曹明伦 译

牧　场①

中国的田园诗人说"晨兴理荒秽，戴月荷锄归"，自得其乐；美国的田园诗人说"我要去清理泉源上的枯叶，牵回那头小牛，你也来吧"。中国人讲自我修身，美国人总愿意与别人分享。就像禅宗靠自身觉悟，基督教总要传播福音。无论何处的诗人，只要生活在田园，他们就会代土地发言，人格与诗意都散发出宁静的光辉。

弗罗斯特（1874~1963），美国工业时期的田园诗人，诗歌多写乡村生活，用一种经过提炼锻造的口语，耐人寻味。

我要出去清理牧场的泉源②，
我只是想耙去水中的枯叶，
（也许我会等到水变清洌）
我不会去太久——你也来吧。

我要出去牵回那头小牛，
它站在母牛身旁，那么幼小，
母亲舔它时也偏偏倒倒。③
我不会去太久——你也来吧。

---

① 选自蔡天新主编《现代诗100首·红卷》，三联书店，2005年版。此诗为弗罗斯特第一本诗集《波士顿以北》（1914）的序诗，自1930年后，诗人将这首诗作为他所有诗合集的序诗。
② "牧场的泉源"也许会被赋予更深的含义，但它首先是在生活中具体存在的事物。
③ 这一细节让人喜悦，又不胜怜爱，它如此感人，胜过千言万语。

【英国】济慈
张秋红 译

蚱蜢与蟋蟀[①]

　　大地上的诗意永远不会消亡。你听,当炎炎夏日,鸟儿们都躲着乘凉,而蚱蜢却在纵情歌唱;当冰雪寒冬,人们围着火炉打盹,有蟋蟀为你唱催眠曲,让你在昏昏欲睡之中,听见蚱蜢的歌声,从青山之外飘来,带给你夏日的暖流。大地的歌曲永不停息,岁月如流,绵长不断,人间的诗意循环往复,永不消亡。诗人济慈,真有一颗水晶般的纯真的诗心。

世界上的诗意永远也不会消亡:
　　当鸟儿都被骄阳烤得疲倦不堪,
　　躲进凉爽的树丛中,从那树篱间,
从刚刈过的草地,歌声四处传扬;
那是蚱蜢的歌声——他做起了榜样
　　在夏日纵情享乐——他从来不情愿
　　从事劳动;因为一玩得手酸脚软,
他就安心躺在绿茵上欢度时光。
世界上的诗意永远也不会停息:
　　在冬天孤寂的黄昏,当严霜寒冰
　　　带来一片宁静,从火炉那儿传来
蟋蟀的歌声,在热烘烘的温暖里,
　　让昏昏欲睡的人宛如坠入梦境,
　　　听见蚱蜢的歌声飘自青山之外。

---

① 选自《在大海边》,上海译文出版社,1983年版。

【英国】华兹华斯
黄杲炘 译

致杜鹃①

在中国文化意象中，杜鹃是司农事的鸟，春耕播种，鸟唤"布谷"；又是惹人愁怨的鸟，杜鹃啼血，冤仇难诉。而在英国诗人那里，杜鹃的意象全然两样，它是"快活的鸟"，甚至不是鸟，只是"飘荡的歌声"。它掠过山丘幽谷，若即若离，似有似无，就像童年、像希望、像爱情，神秘幽远、朦胧迷人，看不见，却被人执著渴望；听得见，却在虚无缥缈中。当杜鹃的啼声飞遍大地，无处不在，被这有魔力的歌声点化，世界就成了充满纯真、希望与爱情的缥缈的仙岛，成了与你的美丽相称的配得上"你"居住的家。

快活的鸟呀！你新来乍到，
　　听到你唱我就高兴。
杜鹃哪！我该把你叫作鸟？
　　或只叫飘荡的歌声？

我躺在草地上，倾听着你
　　那成双捉对的叫唤；
这声音像在山丘间飘逸，
　　听来既很近又很远。

虽然你是对幽谷咕咕地
　　谈论着鲜花和阳光，
你却在我心眼前展现了
　　一幕幕往事的景象。

热烈地欢迎你，春之骄子

---

① 选自辜正坤编《外国名诗三百首》，北京出版社，1999年版。

可你在我的眼睛里——
不是鸟，而是无形的影子，
　　是一种歌声或者谜。

以往，在我上学的日子里，
　　我曾谛听你的呼叫；
曾朝着天上，曾在树丛里，
　　千百次地把你寻找。

为了寻找你，我常游荡在
　　树林中或者草原上；
而你呀却是希望、却是爱——
　　看不见，但被人渴望。

现在我又把你的歌细听；
　　又仰卧在这平原上
听着你在唱，直到我的心，
　　回到黄金般的时光。

杜鹃哪！你这受祝福的鸟！
　　你使世界起了变化；
它像是成了缥缈的仙岛。
　　成了配得上你的家！

【英国】雪莱
江枫 译

致云雀①

浪漫派诗歌的一大特征是极尽铺排描摹之能事，做到妙处，落英缤纷，酣畅淋漓。如雪莱这首《致云雀》，排喻长咏，源源不断：欢乐的精灵——基本形象；烈火的轻云——辉煌而灵动；它的乐音——像星光的利箭、像明月普照、像美丽的雨；云雀是诗人——唤醒人间的同情；是少女——专唱爱的歌曲；是萤火虫、绿叶下的玫瑰、草地上的春雨、雨后的花蕾……"飞禽或是精灵，有什么甜美的思绪在你心头？"一声长叹之后，诗人拦腰一转，开始借物咏志：你一味地倾诉爱心，似乎与痛苦绝缘；你的欢乐如此明澈，没有一丝悲哀；相对于人间的爱恨情仇，人们笑中含泪、乐中带悲、爱中带愁，所有的情感都充斥着杂质，哪里能够达到像你那样纯净的欢欣？我的诗歌，如果能有一半你那样的欢欣，全世界，都将为我侧耳倾听。

你好啊，欢乐的精灵！
　　你似乎从不是飞禽，
从天堂或天堂的邻近，
　　以酣畅淋漓的乐音，
不事雕琢的艺术，倾吐你的衷心。

向上，再向高处飞翔，
　　从地面你一跃而上，
　　像一片烈火的轻云，

---

① 选自江枫译《雪莱诗选》，湖南人民出版社，1980年版。云雀，黄褐色小鸟，构巢于地面，清晨升入高空，入夜而返，有边飞边鸣的习性。《致云雀》是雪莱抒情诗中的珍品。云雀，曾经是19世纪英国诗人经常吟咏的题材。比雪莱年长22岁已经噪于时的前辈诗人华兹华斯也有过类似的作品，读到雪莱的这首诗而自叹弗如。雪莱在这首诗里以他特有的艺术构思，生动地描绘云雀的同时，也以饱满的激情写出了他自己的精神境界、美学理想和艺术抱负。语言也简洁、明快、准确而富于音乐性。

掠过蔚蓝的天心,①
永远歌唱着飞翔,飞翔着歌唱。

地平线下的太阳,②
  放射出金色的电光,
晴空里霞蔚云蒸,
  你沐浴着明光飞行,
似不具形体的喜悦刚开始迅疾地远征。③

淡淡的紫色黎明,④
  在你的航程周围消融,
像昼空里的星星,
  虽然不见形影,
却可以听得清你那欢乐的强音——

那犀利无比的乐音,
  似银色星光的利箭,
它那强烈的明灯,
  在晨曦中暗淡,
直到难以分辨,却能感觉到就在空间。

整个大地和大气,
  响彻你婉转的歌喉,
仿佛在荒凉的黑夜,
  从一片孤云背后,
明月射出光芒,清辉洋溢宇宙。

我们不知,你是什么,
  什么和你最为相似?

---

① "像一片烈火的轻云",不是写云雀的形貌;而是按照"火向上以求日"的意思写它上升的运动态势(据《爱丁堡评论》1871年4月号)。

② 原文sunken sun,为沉落的太阳,对于前一天为落日,对于新的一天则是尚未从地平线下升起的太阳。

③ 有人认为原文此处的unbodied本来应该是embodied(据《爱丁堡评论》1871年4月号)。如此,则此处可译为"似具有形体的喜悦"或"似有形的喜悦"。

④ 原文even,我同意郭沫若同志的理解,实为twilight,为白昼与黑夜之间的过渡。由于云雀鸣于昼而不鸣于夜,故译为黎明。

从霓虹似的彩霞
　　　　也降不下这样美的雨,
能和你出现时降下的乐曲甘霖相比。

像一位诗人,隐身
　　　　在思想的明辉之中,
吟诵着即兴的诗韵,
　　　　直到普天下的同情
都被未曾留意过的希望和忧虑唤醒;①

像一位高贵的少女,
　　　　居住在深宫的楼台,
在寂寞难言的时刻,
　　　　排遣她为爱所苦的情怀,
甜美有如爱情的歌曲,溢出闺阁之外;②

像一只金色的萤火虫,
　　　　在凝露的深山幽谷,
不显露它的行踪,
　　　　把晶莹的流光传播,
在遮断我们视线的芳草鲜花丛中;

像一朵让自己的绿叶
　　　　荫蔽着的玫瑰,
遭受到热风的摧残,
　　　　直到它的芳菲
以过浓的香甜使鲁莽的飞贼沉醉;

晶莹闪烁的草地,
　　　　春霖洒落的声息,

---

① 对这一节的理解,可参看雪莱为长诗《阿多尼》所写前言(被删节段落)。他说他的为人,畏避闻达;他所以写诗,是为唤起和传达人与人之间的同情。而雪莱的同情首先是对于人类争取从奴役、压迫、贫困和愚昧中解放出来的事业的同情。在《赞智力的美》一诗中,他宣称他"热爱全人类",其实"全"也不全,因为他反对人类中的暴君、教士及其奴仆。这里,他认为,诗人应该以值得关注而未被留意过的希望和忧虑去唤醒全人类的同情。

② 其实这一节所写的是思春的少女,也完全有理由认为是雪莱的自况。他爱一切美好的事物,美好的事业,他爱"全人类",但是,他的爱在当时甚至不被自己的同胞所理解,而使他感到寂寞和为爱所苦。诗,是他的爱不能自已的流露。

雨后苏醒的花蕾，
　　　称得上明朗、欢悦、
清新的一切，都不及你的音乐。

飞禽或是精灵，有什么
　　　甜美的思绪在你心头？
我从来没有听到过，
　　　爱情或是醇酒的颂歌，
能够迸涌出这样神圣的极乐音流。

赞婚的合唱也罢，
　　　凯旋的欢歌也罢，
和你的乐声相比，
　　　不过是空洞的浮夸，
人们可以觉察，其中总有着贫乏。

什么样的物象或事件，
　　　是你欢乐乐曲的源泉？
什么田野、波涛、山峦？
　　　什么空中陆上的形态？
是你对同类的爱，还是对痛苦的绝缘？①

有你明澈强烈的欢快，
　　　倦怠永不会出现，
烦恼的阴影从来
　　　近不得你的身边，
你爱，却从不知晓过分充满爱的悲哀。②

是醒来或是睡去，③
　　　你对死亡的理解一定比
我们凡人梦想到的

---

① 在以上三节中，雪莱认为没有高尚、优美的思想和情操，就不可能创造出美的艺术。因此，赞婚的合唱、凯旋的欢歌，总有着某种贫乏。而对同类的爱和对痛苦的绝缘，却是他所珍视的品质。所谓对痛苦的绝缘，是指遇挫折而不馁，处逆境而泰然，胸怀坦荡，超然于痛苦之外。

② 雪莱的悲哀常常来源于正义的事业，对受苦的人类，对他自己所确认的真理，爱得太深、太真、太强烈，而为世俗所不理解。

③ 这是指对死的理解，绝不是指云雀的精神状态。有人认为死是如梦的人生醒来，有人认为死是长眠。

更加深刻真切，否则
　　　你的乐曲音流，怎么像液态的水晶涌泻？①

我们瞻前顾后，为了
　　　不存在的事物自扰，
我们最真挚的笑，
　　　也交织着某种苦恼，
我们最美的音乐是最能倾诉哀思的曲调。

可是，即使我们能摈弃
　　　憎恨、傲慢和恐惧，
即使我们生来不会
　　　抛洒一滴眼泪，
我也不知，怎样才能接近于你的欢愉。

比一切欢乐的音律
　　　更加甜蜜美妙，
比一切书中的宝库，
　　　更加丰盛富饶，
这就是鄙弃尘土②的你啊，你的艺术技巧。

教给我一半，你的心
　　　必定熟知的欢欣，
和谐、炽热的激情
　　　就会流出我的双唇，
全世界就会像此刻的我——侧耳倾听。

---

① 凡人认为死亡是最大的痛苦。雪莱认为，只有参透了生死的真谛，才能超然于痛苦之外，摆脱庸俗的恐惧和忧虑，上升到崇高的精神境界。

② "鄙弃尘土"，在这里语意双关：既描写云雀从地面一跃而起，升上高空，又表达了诗人对当时流行的诗歌理论、评论以及一般的庸俗、反动的政治、社会观念所持的鄙弃的态度。

【俄国】叶赛宁
王守仁 译

狗之歌①

穷人家的母狗生了七只漂亮的小狗,可主人养不起,将它们淹死在水里。诗中的主角是那只刚做、只做了一天母亲的母狗,它整天亲吻添梳着小崽,它在雪地上追踪主人的足迹,它凝望水面的涟漪,它舔着两肋的汗水,它跟跄回家,它把茅屋上面的弯月当成自己的一只狗崽,它对着遥远的夜空呼叫自己的孩子,它眼睁睁看着月牙儿溜走,它的幻觉被撕碎,它这才意识到自己彻底失去了刚刚诞生的一群儿女,它默默无语,它的眼泪宛如颗颗金星落进了雪地。世间万物,皆为情生。这也是一位母亲呀,一位因为贫穷而遭受命运劫难的母亲,一位在人间依然随处可见的母亲,一位令人心碎的母亲。

早晨,在黑麦秆狗窝里,
破草席上闪着金光;
母狗生下了一窝狗崽——
七条小狗,绒毛棕黄。

她不停地亲吻着子女,
直到黄昏还在给它们舔梳,
有如雪花儿融成了水滴,
乳汁在她温暖的腹下流出。

晚上,雄鸡蹲上了
暖和的炉台,
愁眉不展的主人走来
把七条小狗装进了麻袋。

---

① 选自《外国现代诗派诗集》,中国文联出版公司,1989年版。

母狗在起伏的雪地上奔跑，
追踪主人的足迹。
尚未冰封的水面上，
久久泛起涟漪。

她舔着两肋的汗水，
踉踉跄跄地返回家来，
茅屋上空的弯月，
她以为是自己的一只狗崽。

仰望着蓝幽幽的夜空，
她发出了哀伤的吠声，
淡淡的月牙儿溜走了，
躲到山冈背后的田野之中。

于是她沉默了，仿佛挨了石头，
仿佛听到奚落的话语，
滴滴泪水流了出来，
宛如颗颗金星落进了雪地。

1915年

【英国】布莱克
郭沫若 译

老 虎①

多么令人惊讶，世上居然有老虎这样威猛的动物，真不知道上帝如何把它创造出来？一连串的惊叹，让人感觉诗人并非在赞叹老虎，也不是在赞美上帝，而是对某种神秘力量的惊疑。上帝创造了猛虎，之前又创造了羔羊，上帝是否有些鲁莽和矛盾？既然把它们同时创造出来，不会是叫它们彼此为敌吧？无论强大还是弱小，应该都会得到上帝的眷顾吧？

老虎！老虎！黑夜的森林中
燃烧着的煌煌的火光，
是怎样的神手或天眼
造出了你这样的威武堂堂？

你炯炯的两眼中的火
燃烧在多远的天空或深渊？
他乘着怎样的翅膀搏击？
用怎样的手夺来火焰？

又是怎样的膂力，怎样的技巧，
把你的心脏的筋肉捏成？
当你的心脏开始搏动时，
是用怎样猛的手腕和脚胫？

是怎样的槌？怎样的链子？
在怎样的熔炉中炼成你的脑筋？
是怎样的铁砧？怎样的铁臂？
敢于捉着这可怖的凶神？

---

① 选自郭沫若《英诗译稿》，上海译文出版社，1981年版。

群星投下了它们的投枪,
用它们的眼泪润湿了穹苍,
他是否微笑着欣赏他的作品?
他创造了你,也创造了羔羊?

老虎!老虎!黑夜的森林中
燃烧着的煌煌的火光,
是怎样的神手或天眼
造出了你这样的威武堂堂?

【奥地利】里尔克
冯至 译

豹①
——在巴黎动物园

  所谓托物言志，一切的咏物都是在咏人。一头被囚禁的豹，一个困境中的人。人间各种各样条条框框的规矩、传统、制度、思想、文化，围裹出一个虚幻的观念世界，像那走不完、冲不破的铁栏杆，让人不能进入本真的世界。人生就是在极小的圈中旋转，为了冲破这圈圈，人会越转越疯狂，就像被人鞭笞的陀螺，最后让自我意识昏眩。眩晕后的人，从此失去心力，只是偶尔对世间一瞥，依稀刺激起一点朦胧的愿望，然而心有余而力不足，只能悄悄地把它在心里熄灭。

它的目光被那走不完的铁栏，
缠得这般疲倦，什么也不能收留。
它好像只有千条的铁栏杆，
千条的铁栏后便没有宇宙。

强韧的脚步迈着柔软的步容，
步容在这极小的圈中旋转，
仿佛力之舞围绕着一个中心，
在中心一个伟大的意志昏眩。

只有时眼帘无声地撩起。——
于是有一幅图像浸入，
通过四肢紧张的静寂——
在心中化为乌有。

---

① 选自臧棣编《里尔克诗选》，中国文学出版社，1996年版。

【英国】塔特·休斯
袁可嘉 译

栖息着的鹰①

每种生物都有一个自己的世界。在鹰的眼里，地球的脸朝着它的利爪，任它捕杀。它有权力把别个的脑袋撕下来，它不允许世界有所改变，它打算让世界就这样子下去，永远匍匐在它的利爪下。历史上许多暴君和狂徒都生过这样一双鹰眼，鹰眼看世界，世界好味道，今天和未来，未必绝迹了。

我坐在树的顶端，把眼睛闭上，
一动也不动，在我弯弯的脑袋
和弯弯的脚爪间没有弄虚作假的梦：
也不在睡眠中排演完美的捕杀或吃什么。

高高的树真够方便的！
空气的畅通，太阳的光芒
都对我有利；
地球的脸朝上，任我察看。

我的双脚钉在粗粝的树皮上。
真得用整个造化之力
才能生我这只脚、我的每根羽毛：
如今我的脚控制着天地

或者飞上去，慢悠悠地旋转它——
我高兴时就捕杀，因为一切都属于我。
我躯体里并无奥秘：
我的举止就是把别个的脑袋撕下来——

---

① 选自王佐良主编《英国诗选》，上海译文出版社，1988年版。

分配死亡。
因为在我飞翔的一条路线是直接
穿过生物的骨骼。
我的权力无须论证：

太阳就在我背后。
我开始以来，什么也不曾改变。
我的眼睛不允许改变。
我打算让这世界就这样子下去。

【英国】劳伦斯
王军 译

蛇①

人与蛇在水塘边相遇，惊恐的自然是人，而不是蛇。人类自古以来的教育是见到毒蛇必定杀死"他"，可我不想杀死"他"。不仅仅是因为害怕，更因为我喜欢他——他那么友善文雅，像一位安静的客人，来到我的池塘喝水，他愿意走出黑暗的地壳，来找我做客，我感到荣幸。所以，我像一位来迟的人，手拎着水罐，等他喝个够。他的样子如此高贵、典雅，悠然自得，与自然和谐共存，简直是一位神灵、一位君主。我的心眼为他着迷，我的耳边却不断响起人类的叮嘱，我瞻前顾后，无所适从，我终于忍不住向他扔去一段木材，我多么卑鄙粗俗。相对于这大自然的君王，我的罪过在于心地窄小。人与自然的对立，使人渺小可鄙。生活在僵化的机器时代的人，需要从原始的自然中寻求生命的真义。

劳伦斯（1885~1930），英国作家，以小说《查泰莱夫人的情人》《儿子与情人》等闻名于世。同时他一生都在写诗。他的诗歌观念非常直率："在这个充满裸露与丑恶现实的时代，我们诗歌的本质应是裸露无遮掩的，任何地方都不应有一句谎话、一点偏差。什么都可以不要，但不可不要这赤裸裸的、岩石般直率的文字，它独自就能造就今天的诗歌。"

一条蛇来到我的水塘，
那天好热、好热，我穿起睡衣消暑，
去那里饮水。

在高大浓密的角豆树散满异香的阴凉深处，
我手持水罐走下台阶，
却只好等候、只好站立等候，因为他已先于我来到水塘。

---

① 选自王佐良主编《英国诗选》，上海译文出版社，1988年版。

他从幽暗中的泥壁一个裂缝探下身子,
沿塘边的石板拖着黄褐色、柔软无力的肚皮,
把他的下颏平放在铺石的塘底。
在龙头下滴水过后那小片清澈的水中
他畅快地啜饮,
让水缓缓从牙间一直流进长而松软的体内,
不出声响。

有人先于我来到我的水塘,
而我在等候,像个来迟的人。

喝了一会儿,他抬起头来,就像耕牛那样;
又呆呆地望着我,就像饮水的耕牛那样。
他从唇间吐出分成两叉的芯子,默思片刻,
俯身继续饮了点水。
他一身金褐的泥土色,来自燃烧的地下深处,
在埃特纳火山冒着烟的一个西西里七月天。

我受的教育对我说,
一定要杀死他,
因为在西西里,黑黑的蛇是无害的,金色的才有毒。

我心里的声音又说,你要是好汉
应该拿起木棍将他劈打,结束他的小命。

可我必须承认,我多么喜欢他,
多么高兴他像安静的客人到我的水塘来饮水,
然后在平静中悄然、不表谢意地离去,
回到燃烧的地壳深处。

我不敢杀死他,是懦弱?
我渴望与他交谈,是堕落?
是丢脸,只因感到荣幸?
我感到真荣幸。

可那声音又说:
"你要不怕,就应该杀死他!"

而我真是怕、我非常怕,
但即便如此,我更感到荣幸
他竟走出神秘大地的黑暗之门
来找我做客。

他喝够了,
抬起头,神态恍惚如醉了酒;
又像在舔嘴
朝空中吐出芯子,像劈开的夜,好黑;
他像一位神灵,缓慢转动着头,
视而不见地向四周的天空望去,
而后又慢慢地、很慢很慢地,如深陷梦境,
开始收卷他那长而迟缓的身体,
重新爬上我那破损的塘壁。

当他把头伸进那可怕的洞穴,
当他慢慢收起身子、蛇肩拱动着向洞中爬去,
一种恐怖感、一种不情愿他回到那可怕的黑色洞穴,
拖着迟缓的身子如此从容地走进黑暗的感觉,
向我袭来,因为他已背对了我。

我环顾四周,我放下水罐,
我捡起一段沉重的木头
把它哐啷一声掷向水塘。

我看他没有被击中,
但突然他留在后面的那一段难看地急抖起来,
像闪电般抽搐、瞬间就消失在
那黑色的洞中、那塘壁上有土唇的裂缝。
在炎热宁静的正午,我着迷地望着。

可我立刻后悔不该那样做,
我感到那举动多可鄙、多粗俗、多不光彩。
我看不起我自己,更看不起人类教育对我讲的话。

我想起信天翁,
我希望他回来,我的蛇。

因为在我看来,他像一位君王、
一个被放逐的君王,在阴间被夺去王冠
现在就要再次加冕。

就这样,我错过良机拜见又一位生命之君王。
我有罪过需要赎回:
心地窄小。

【英国】缪亚
王佐良 译

马①

有那么一天，假如爆发核战争，大约只需要七天（跟上帝创世所花的时间一样长），世界将成一片废墟。然后，各国的人民都在昏睡，拖拉机在田野生锈，人类回到农耕时代。某一天，一群神秘的马到来了，一个神话般的奇迹出现了：终于，那天黄昏，那年夏末，来了那奇异的马群。先听见一阵遥远的轻叩敲着大路，然后是更沉更重的槌打；停住，又响起，到转角的地方，变成深邃的雷霆。我们看见许多马头，像一排狂潮袭来……久违了的马，就像一群天使，来到我们中间，它们不仅是供我们驱使的生物，更重要的，它让我们重温那种古老的友伴关系，像古时候人类与大地万物和谐相处，相亲相爱一样。他们的光临让我们开始新生。

对文明的忧虑被人说烂了，而在忧虑中透露希望与喜悦的诗篇却不多见，这是本诗独到之处。艾略特称这首诗是"原子时代的伟大而可怕的诗篇"。

缪亚（1887~1959），苏格兰诗人，以朴实的文笔蕴藏深厚的象征之意，在传统式的明白晓畅后面暗含现代派的敏感与深刻。

那场叫世界昏迷的七日之战过后
不过十二个月，
一个傍晚，夜色已深，这群奇怪的马来了。
那时候，刚同寂静定了盟约，
但开始几天太冷静了，
我们听着自己的呼吸声音，感到害怕。
第二天，

---

① 选自王佐良主编《英国诗选》，上海译文出版社，1988年版。这是缪亚的名作之一，受到普遍赞扬。诗人假想一场原子大战过后，生活回到了单纯朴素的农耕时代，一群神秘的马到来，象征着一种古来的友伴关系的重新恢复。"自由地服役"是他强调的一点。

收音机坏了，我们转着旋钮，没有声音；
第三天一条兵舰驶过，朝北开去，
甲板上堆满了死人。第六天，
一架飞机越过我们头上，栽进海里。
此后什么也没有了。收音机变成哑巴，
但还立在我们的厨房角落里，
也许也还立在全世界几百万个
房间里，开着。但现在即使它们出声，
即使它们突然又发出声音，
钟鸣十二下之后又有人报告新闻，
我们也不愿听了，不愿再让它带回来
那个坏的旧世界，那个一口就把它的儿童
吞掉的旧世界。我们再也不要它了。
有时我们想起各国人民在昏睡，
弯着身子，闭着眼，裹在穿不透的哀愁之中，
接着我们又感到这想法的奇怪。
几架拖拉机停在我们的田地上，一到晚上
它们像湿淋淋的海怪蹲着等待什么。
我们让它们在那里生锈——
"它们会腐朽，犹如别的土壤。"
我们拿生了锈的耕犁套在牛背后，
已经多年不用这犁了。我们退回到
远远越过我们父辈的地的年代
　　　　接着，那天傍晚，
夏天快结束的时候，那群奇怪的马来了。
我们听见远远路上一阵敲击声，
咚咚地越来越响了，停了一下，又响了，
等到快拐弯的时候变成了一片雷鸣。
我们看见它们的头
像狂浪般向前涌进，感到害怕。
在我们父亲的时候，把马都卖了，
买新的拖拉机。现在见了觉得奇怪，
它们像是古代盾牌上名驹
或骑士故事里画的骏马。

我们不敢接近它们，而它们等待着，
固执而又害羞，像是早已奉了命令
来寻找我们的下落，
恢复早已失掉的古代的友伴关系，
在这最初的一刻，我们从未想到
它们是该受我们占有和使用的牲畜。
它们当中有五六匹小马，
出生在这个破碎的世界的某处荒野，
可是新鲜乱跳，像是来自它们自己的伊甸园。
后来这群马拉起我们的犁，背起我们的包，
但这是一种自由地服役，看了叫我们心跳，
我们的生活变了；它们的到来是我们的重新开始。

【法国】雅姆
莫渝 译

我爱这只温驯的驴子①

　　我爱这只温驯的驴子,它瘦小的身躯驮着沉重的货物,它只会摆动耳朵赶走黄蜂,它的脚步细碎只能绕坑而走,它丝绒般的眼睛总像在沉思,它又小又笨,少女啊,你说它笨得像个诗人。可是温顺的少女,你不知道,它比你还温顺,它是上帝特选的最温驯的动物。它从早到晚做着苦工,不能像你一样休息;它受了伤还不能停歇,你难道没有一点同情?你可以吃樱桃,可是它只能在梦中吮着绳子,这种梦想的甜蜜,你的心灵从未体会。我这个笨拙的诗人,心灵的伤痛跟这头温驯的驴子一样,我的灵魂,一样迈着细碎的步子,在人间的阴影中,被人世沉重的苦难压伤,但依旧坚持着,走在开花的路上。告诉我,我的少女,我的情人,对于这样温驯忍耐的驴子,这样温情易感的灵魂,我是该哭,还是该笑?

　　雅姆(1868~1938),法国诗人,一生远离巴黎,提倡田园与宗教的静穆单纯的生活。诗人古尔蒙评价他:"这是一位诗人。其真挚近乎令人困惑,不止朴素。更因为傲气。"

　　我爱这只温驯的驴子
　　它沿着金雀花丛走着。

　　为了防范蜂蜇
　　它摆动着双耳;

　　它驮过少量东西
　　也驮过满是大麦的袋子。

　　它绕过土坑,
　　脚步跛跛短小。

---

① 选自莫渝译《雅姆抒情诗选》,河北教育出版社,2004年版。

我的女友认为它笨
因为它像个诗人。

它老做沉思状。
眼珠子像丝绒。

柔心的少女,
比不上它的温顺:

因为在上帝面前,它就像
来自青天的温驯驴子。

它留在畜棚
很是疲惫、悲惨,

因为它那可怜的小脚
走得够累了。

从早到晚
它做着苦工。

少女,你做了些什么?
你丢开针线……

而驴子受了伤:
因苍蝇前来叮咬。

它工作极繁
这够你同情的。

小女孩,你吃什么?
——你吃樱桃。

驴子没有大麦吃
因为主人太穷了。

它吮着绳子
不会这般柔甜。

这只温驯的驴子

沿着金雀花丛走着。

我的心灵溃伤：
这①字正合你意。

那么，告诉我，情人，
我该哭，还是该笑？

去找那只驴子，
告诉它，我的灵魂。

跟它一样，清早
就在大马路上。

告诉它，情人，
我该哭，还是该笑？

我怀疑它会回答，
它在阴影下走着，

被温柔压伤，
在开花的路途上。

---

① "这"字指前行的"溃伤"（ulcere），原文用斜体字排印。

【美国】沃伦
赵毅衡 译

世事沧桑话鸣鸟①

夜间的一声鸟鸣，让我的世界安静下来，天地一片宁静，我仿佛停在时间的中心。多年以后，许多地方许多脸孔都已经淡去消失，而我停在远方，停在一样寂静的夜晚，我想念的，不是那些会消失的脸孔，而是那一声永恒的鸟鸣。许多年，我们在熟睡中度过了，但是那些鸟声应该还在那里，因为这一声明丽的鸟鸣，时间在我们周身的温柔中，重新触碰到了世界的边缘。

罗伯特·潘·沃伦（1905~1989），美国第一任桂冠诗人，被评论界称为"二十世纪后半叶最重要的美国诗人"。

那只是一只鸟在晚上鸣叫，认不出是什么鸟，
当我从泉边取水回来，走过满是石头的牧场，
我站得那么静，头上的天空和水桶里的天空
一样静。

多少年过去，多少地方多少脸都淡漠了，有的
人已谢世，
而我站在远方，夜那么静，我终于肯定
我最怀念的，不是那些终将消逝的东西，而是
鸟鸣时的那种宁静。

---

① 选自赵毅衡译《美国现代诗选》，外国文学出版社，1985年版。

【阿根廷】博尔赫斯
蔡天新 译

玫 瑰①

在博尔赫斯这里,玫瑰是世界之美的象征,而美无处不在。诗歌中的玫瑰,盛开在深夜的花园,跳跃在炼金术士一般的科学光焰里,妖艳在波斯人的王宫,精神在亚里士多德的讲坛上,芬芳在柏拉图的理想国,禅定在佛陀拈花微笑的唇边。世界美如斯,如一朵骄傲的玫瑰,永远鲜嫩、炽热而一意孤行地开放,在我的诗歌之外,不可企及。

玫瑰,
在我歌唱以外的,不谢的玫瑰,
那盛开的、芬芳的,
深夜幽暗花园里的玫瑰,
每一个夜晚,每一座花园,
借助炼金术从细微的
尘土里重现的玫瑰,
波斯人和亚里士多德的玫瑰,
那永远无可比拟的
永远最出色的玫瑰
鲜嫩的柏拉图的玫瑰
在我歌唱以外的,炽热而盲目的玫瑰,
不可企及的玫瑰。

---

① 选自蔡天新《美洲译文选》,河北教育出版社,2003年版。

【英国】济慈
汪剑钊 译

希腊古瓮颂[①]

如何与无情的时间抗衡,把一个时代留下来,把一代人的生活流传后世?艺术,就有这样的功能。济慈在一尊希腊古瓮上,看见了一个人类的牧歌时代。沉默千年,古瓮像委身寂静的完美的处子,依然保持着远古的童贞。一切都原汁原味地保存下来了,像一位隐居田园的史家,娓娓述说一个如花的故事。听见的乐声虽好,如果听不见却更美,耳朵能听见的有限,心灵的感受和想象却无边。相爱的少年咫尺天涯,能够亲吻固然好,吻不上岂不更美妙?你将永远爱下去,她也永远秀丽。树木永远在春天,歌曲永远那么新鲜,爱情永远热烈,心跳永远年轻,人类的激情超凡脱俗,永远是幸福,而没有悲伤,也永不会满足,一切都永存幸福的状态。那曾经热热闹闹的城镇街道,如今为何如此寂寥,没有一个灵魂会回来,对后人把原因相告。希腊古瓮,在缄默中守候着永恒,用冰冷的牧歌,引导我们超越俗念。衰老会耗损我们这一代人,而你依然如故,忠告哀戚的后人:"美即是真,真即是美。"这是艺术的真谛,这是幸福生活的真谛。

1

你是宁静的新娘,依然守持着童贞,
　你爱过沉默和岁月的养育之恩,
　山林的史家,你竟能娓娓动听地铺陈
　一个如花的故事,比诗篇更甜醇:
你的躯体缠绕着绿叶缀饰的传说,
　描叙着凡人,天神,或是神人共处;

[①] 选自飞白主编《世界诗库》,花城出版社,1994年版。

　　　　　出没在美丽的丹碧①，还是阿卡迪②？
　　　这些是什么人，什么神？什么样少女嗔怒？
　怎样疯狂的追求？怎样挣扎着逃躲？
　　　怎样的风笛与铃鼓？怎样野性的狂喜？

2

　　听见的旋律尽管悦耳，而听不见的乐曲
　　　更为美妙；所以，吹吧，柔情的风笛；
　不是奏给肉感的耳朵听，而是更为温情地
　　　向灵魂奉献沉默无声的恋歌，
　树荫下的美少年，你永远不会中止
　　　你的歌声，树木也永远不会凋零；
　　　　勇敢的恋人呀，你与她近在咫尺，
　却永远，永远吻不上——你切莫为此忧悒，
　　你虽不能如愿以偿，她却永葆青春
　　　　你永远在恋爱，她将永远美丽！

3

　　哦，幸福，幸福的树枝！你的绿叶子
　　　永不坠落，永远与春光形影不离，
　啊，幸福的吹笛人，永远乐此不疲，
　　　他的笛声永远是那么清新悦耳；
　啊，幸福的爱情！啊，更幸福的爱情！
　　　永远热烈，永远是柔情蜜意，
　　　　永远渴望，永远是青春少年，
　一切人类的激情呀，如此脱俗超尘，
　　它不会留下餍足和深深地忧伤的心儿，
　　　　不会留下发烧的额头，焦渴的舌苔。

4

---

① 古希腊一处风光旖旎的山谷。
② 古希腊一处山谷名，常被喻作牧歌中理想的乐土。

这些前来献祭的都是些什么人?
　　神秘的祭司,走上哪一座青葱的神坛,
牵引着一条小牝牛,它正在对天哀鸣,
　　花环将它光柔的纤腰缀满?
来自哪一座小镇,沿着河,还是傍着海,
　　或者是一座砦堡环护着的山城。
　　　　啊,倾城出动,顶着这虔敬的晨曦?
唉,小镇,你的大街小巷从此永远
　　寂寥,再不会归返哪一个灵魂
　　　　告诉人们你何以变成如此渺无人迹。

5

啊,典雅的形状!唯美的仪表!
　　大理石少女和男人雕满了瓮身,
还有交错的树枝,倒伏的青草;
　　你啊,缄默的形体,仿佛是永恒
引导我们超离俗念:清冷的牧歌!
　　等到衰老耗蚀了我们这一代,
　　　　你依然如故;倘若有后人陷入另一种哀戚,
你将作为朋友前去安慰他说:
　　"美即是真,真即是美"——这就已经包含
　　　你们所知道、应知道的一切真谛。

【俄国】帕斯捷尔纳克
力冈 译

生活——我的姐妹①

这世上,不知是抱怨生活的人多,还是热爱生活的人多?把生活视如自己姐妹的人,一定胸怀宽广,并且充盈柔情。他鄙弃和嘲笑各种各样的对生活的抱怨,他把苦难和幸福都视为生活的必然,他快乐地乘坐生活的列车,欣赏眼见的一切,无论是人还是自然。他不会让自己的人生停留在某个无名小站,他要一往无前地扑向深广的草原。

生活——我的姐妹,就在今天
它依然像春雨遍洒人间,
但饰金佩玉的人们高傲地抱怨,
并且像麦田里的蛇斯斯文文地咬人。

长者怨天尤人自有道理。
你的道理却非常、非常滑稽:
说什么雷雨时眼睛和草坪是紫色的,
而且天际有一股潮湿的木樨草气息。

说在五月里前往卡梅申途中,
你在火车里翻阅火车时刻表,
那时刻表比《圣经》还要恢宏,
虽然看得非常潦草。

说夕阳刚刚照射到
拥挤在路基上的庄稼人,
我就听出这不是那座小站,
夕阳对我深深表示同情。

---

① 选自飞白主编《世界诗库》,花城出版社,1994年版。

三遍铃响过,渐去渐远的铃声
一再向我道歉:很遗憾,不是这个站。
渐渐烧黑的夜色钻进窗来,
草原扑向星空,离开车门的台阶。

有些人眨巴着眼,却睡得十分香甜,
此刻,生活犹如梦幻,
就像一颗心拍打着车厢平台,
把一扇扇车门撒向草原。

【苏联】阿赫玛托娃
乌兰汗 译

无 题

  总会有一种普普通通的生活吧？从内外交困中走过来的诗人这样祈愿。有温和的阳光，照亮我们平凡的日子；有在苦难中存活下来的朋友前来相聚，有喁喁情话细语黄昏，不被鲁莽的风打断；有一座属于我们的城市，有大河，有花园，还有诗神缪斯的悄声细语，隐约传来耳边。就这些，普通的生活，也已经诗意圆满。

  总会有一种普普通通的生活吧，
  光，是那么透明、喜悦、温暖……
  黄昏时，芳邻和姑娘隔着篱笆交谈，
  他们的喁喁情话
  只有蜜蜂才能听见。

  我们的生活那么郑重、艰难，
  我们重视辛酸会晤时的礼典，
  只要一阵鲁莽的风突然袭来
  就会把刚刚开始的话丝吹断——

  但这座光荣的、灾难的、花岗石的繁荣城市，
  我们绝不会用任何东西去交换，
  它那宽阔的河面上，水光闪闪，
  花园中浓荫蔽日，光线幽暗，
  还有缪斯的话音，隐约传来耳边。

1915年6月23日
斯列坡涅沃

【印度】泰戈尔
冰心 译

吉檀迦利①

一个人可以不信宗教，但不可不信任你生活的世界；一个人可以蔑视命运，但不可不敬仰生命。用一颗虔敬的心触摸世界，触摸可亲可爱的自然，触摸我们未知的事物。用感恩的心情面对天地，用奉献的姿态面对人间，用礼拜的意愿对待生命，人生就不是一个简单的过客、演员，甚至小丑。人生可以尺幅千里，在有限中证悟无限的欢乐，可以海纳百川、博大精深、丰厚完满。过滤我们的忧郁和烦恼，清洁我们的欲求和怨恨，平抚我们的创伤和苦难，拔除我们青春的杂草和本能的荆棘，熨平我们的渺小和脆弱。以一种广大的平和的柔情的胸怀拥抱世界、拥抱你的生命，让自己以最好的一面活在人间，以最美的微笑活出自己。

《吉檀迦利》是世界诗坛上一部风格特异的宗教抒情诗集，泰戈尔因此诗获得诺贝尔文学奖。"吉檀迦利"的意思就是"献诗"。献给上苍神明的诗篇，包含着九曲婉转、细腻敏锐的礼赞、奉献、祈祷和自我表白。

1

你已经使我永生，这样做是你的欢乐。这脆薄的杯儿，你不断地把它倒空，又不断地以新生命来充满。

这小小的苇笛，你携带着它逾山越谷，从笛管里吹出永新的音乐。

在你双手的不朽的安抚下，我的小小的心，消融在无边快乐之中，发出不可言说的词调。

你的无穷的赐予只倾入我小小的手里。时代过去了，你还在倾注，而我的手里还有余量待充满。

---

① 选自华宇清编《吉檀迦利——泰戈尔散文诗选》，浙江文艺出版社，1991年版。有删节。

6

摘下这朵花来,拿了去罢,不要迟延!我怕它会萎谢了,掉在尘土里。

它也许配不上你的花冠,但请你采折它,以你手采折的痛苦来给它光宠。我怕在我警觉之先,日光已逝,供献的时间过了。

虽然它颜色不深,香气很淡,请仍用这花来礼拜,趁着还有时间,就采折吧。

7

我的歌曲把她的装饰卸掉。她没有了衣饰的骄奢。装饰会成为我们合一之玷;它们会横阻在我们之间,它们叮当的声音会淹没了你的细语。

我的诗人的虚荣心,在你的容光中羞死。呵,诗圣,我已经拜倒在你的脚前。只让我的生命简单正直像一支苇笛,让你来吹出音乐。

8

那穿起王子的衣袍和挂起珠宝项链的孩子,在游戏中他失去了一切的快乐;他的衣服绊着他的步履。

为怕衣饰的破裂和污损,他不敢走进世界,甚至于不敢挪动。

母亲,这是毫无好处的,如你的华美的约束,使人和大地健康的尘土隔断,把人进入日常生活的盛大集会的权利剥夺去了。

12

我旅行的时间很长,旅途也是很长的。

天刚破晓,我就驱车起行,穿遍广漠的世界,在许多星球之上,留下辙痕。

离你最近的地方,路途最远,最简单的音调,需要最艰苦的练习。

旅客要在每一个生人门口敲叩,才能敲到自己的家门,人要在外面到处漂流,最后才能走到最深的内殿。

我的眼睛向空阔处四望,最后才合上眼说:"你原来在这里!"

这句问话和呼唤"啊,在哪儿呢?"融化在千股的泪泉里,和你保证地回答"我在这里"的洪流,一同泛滥了全世界。

14

我的欲望很多,我的哭泣也很可怜,但你永远用坚决的拒绝来拯救我;这刚强的慈悲已经紧密地交织在我的生命里。

你使我一天一天地更配领受你自动的简单伟大的赐予——这天空和光明，这躯体和生命与心灵——把我从极欲的危险中拯救了出来。

有时候我懈怠地挨延，有时候我急忙警觉寻找我的路向；但是你却忍心地躲藏起来。

你不断地拒绝我，从软弱动摇的欲望的危险中拯救了我，使我一天一天地更配得你完全的接纳。

19

若是你不说话，我就含忍着，以你的沉默来填满我的心。我要沉静地等候，像黑夜在星光中无眠，忍耐地低首。

清晨一定会来，黑暗也要消隐，你的声音将划破天空从金泉中下注。

那时你的话语，要在我的每一鸟巢中生翼发声，你的音乐，要在我林丛繁花中盛开怒放。

20

莲花开放的那天，唉，我不自觉地在心魂飘荡。我的花篮空着，花儿我也没有去理睬。

不时地有一段忧愁来袭击我，我从梦中惊起，觉得南风里有一阵奇香的芳踪。

这迷茫的温馨，使我想望得心痛，我觉得这仿佛是夏天渴望的气息，寻求圆满。

我那时不晓得它离我是那么近，而且是我的，这完美的温馨，还是在我自己心灵的深处开放。

21

我必须撑出我的船去。时光都在岸边挨延消磨了——不堪的我啊！

春天把花开过就告别了。如今落红遍地，我却等待而又流连。

潮声渐喧，河岸的荫滩上黄叶飘落。

你凝望着的是何等的空虚！你不觉得有一阵惊喜和对岸遥远的歌声从天空中一同飘来吗？

27

灯火，灯火在哪里呢？用熊熊的渴望之火把它点上罢！

灯在这里,却没有一丝火焰——这是你的命运吗,我的心啊!你还不如死了好!

悲哀在你门上敲着,她传话说你的主醒着呢,他叫你在夜的黑暗中奔赴爱的约会。

云雾遮满天空,雨也不停地下。我不知道我心里有什么在动荡——我不懂得它的意义。

一霎的电光,在我的视线上抛下一道更深的黑暗,我的心摸索着寻找那夜的音乐对我呼唤的径路。

灯火,灯火在哪里呢?用熊熊的渴望之火把它点上罢!雷声在响,狂风怒吼着穿过天空。夜像黑岩一般的黑。不要让时间在黑暗中度过罢。用你的生命把爱的灯点上罢。

28

罗网是坚韧的,但是要撕破它的时候我又心痛。

我只要自由,为希望自由我却觉得羞愧。

我确知那无价之宝是在你那里,而且你是我最好的朋友,但我却舍不得清除我满屋的俗物。

我身上披的是尘灰与死亡之衣;我恨它,却又热爱地把它抱紧。

我的债务很多,我的失败很大,我的耻辱秘密而又深重;但当我来求福的时候,我又战栗,唯恐我的祈求得了允诺。

29

被我用我的名字囚禁起来的那个人,在监牢中哭泣。我每天不停地筑着围墙;当这道围墙高起接天的时候,我的真我便被高墙的黑影遮断不见了。

我以这道高墙自豪,我用沙土把它抹严,唯恐在这名字上还留着一丝罅隙;我煞费了苦心,我也看不见了真我。

30

我独自去赴幽会。是谁在暗寂中跟着我呢?

我走开躲他,但是我逃不掉。

他昂首阔步,使地上尘土飞扬;我说出的每一个字里,都掺杂着他的喊叫。

他就是我的小我,我的主,他恬不知耻;但和他一同到你门前,我却感到羞愧。

32

尘世上那些爱我的人，用尽方法拉住我。你的爱就不是那样，你的爱比他们的伟大得多，你让我自由。

他们从不敢离开我，恐怕我把他们忘掉。但是你，日子一天一天地过去，你还没有露面。

若是我不在祈祷中呼唤你，若是我不把你放在心上，你爱我的爱情仍在等待着我的爱。

35

在那里，心是无畏的，头也抬得高昂；
在那里，知识是自由的；
在那里，世界还没有被狭小的家国的墙隔成片段；
在那里，话是从真理的深处说出；
在那里，不懈地努力向着"完美"伸臂；
在那里，理智的清泉没有沉没在积习的荒漠之中；
在那里，心灵是受你的指引，走向那不断放宽的思想与行为——
进入那自由的天国，我的父啊，让我的国家觉醒起来罢。

38

我需要你，只需要你——让我的心不停地重述这句话。日夜引诱我的种种欲念，都是透顶的诈伪与空虚。

就像黑夜隐藏在祈求光明的朦胧里，在我潜意识的深处也响出呼声——我需要你，只需要你。

正如风暴用全力来冲击平静，却寻求终止于平静，我的反抗冲击着你的爱，而它的呼声也还是——我需要你，只需要你。

44

阴晴无定，夏至雨来的时节，在路旁等候瞭望，是我的快乐。

从不可知的天空带信来的使者们，向我致意又向前赶路。我衷心欢畅，吹过的风带着清香。

从早到晚我在门前坐地，我知道我一看见你，那快乐的时光便要突然来到。这时我自歌自笑。这时空气里也充满着应许的芬芳。

47

夜已将尽,等他又落了空。我怕在清晨我正在倦睡的时候,他忽然来到我的门前。啊,朋友们,给他开着门罢——不要拦阻他。

若是他的脚步声没有把我惊醒,请不要叫醒我。我不愿意小鸟嘈杂的合唱,和庆祝晨光的狂欢的风声,把我从睡梦中吵醒。即使我的主突然来到我的门前,也让我无扰地睡着。

啊,我的睡眠,宝贵的睡眠,只等着他的摩触来消散。呵,我的合着的眼,只在他微笑的光中才开睫,当他像从洞黑的睡眠里浮现的梦一般地站立在我面前。

让他作为最初的光明和形象,来呈现在我的眼前。让他的眼光成为我觉醒的灵魂最初的欢跃。

让我自我的返回成为向他立地的皈依。

50

我在村路上沿门求乞,你的金辇像一个华丽的梦从远处出现,我在猜想这位万王之王是谁!

我的希望高升,我觉得我苦难的日子将要告终,我站着等候你自动的施与,等待那散掷在尘埃里的财宝。

车辇在我站立的地方停住了。你看到我,微笑着下车。我觉得我的运气到底来了。忽然你伸出右手来说:"你有什么给我呢?"

啊,这开的是什么样的帝王的玩笑,向一个乞丐伸手求乞!我糊涂了,犹疑地站着,然后从我的口袋里慢慢地拿出一粒最小的玉米献上给你。

但是我一惊不小,当我在晚上把口袋倒在地上的时候,在我乞讨来的粗劣东西之中,我发现了一粒金子。我痛哭了,恨我没有慷慨地将我所有都献给你。

61

这掠过婴儿眼上的睡眠——有谁知道它是从哪里来的吗?是的,有谣传说它住在林荫中,萤火朦胧照着的仙村里,那里挂着两颗甜柔迷人的花蕊。它从那里来吻着婴儿的眼睛。

在婴儿睡梦中唇上闪现的微笑——有谁知道它是从哪里生出来的吗?是的,有谣传说一线新月的微笑,触到了消散的秋云的边缘,微笑就在被朝雾洗净的晨梦中,第一次生出来了——这就是那婴儿睡梦中唇上闪现的微笑。

在婴儿的四肢上,花朵般喷发的甜柔清新的生气,有谁知道它是在哪里藏了这么许久吗？是的，当母亲还是一个少女，它就在温柔安静的爱的神秘中，充塞在她的心里了——这就是那婴儿四肢上喷发的甜柔新鲜的生气。

75

你赐给我们世人的礼物，满足了我们一切的需要，可是它们又毫未减少地返回到你那里。

河水有它每天的工作，匆忙地穿过田野和村庄；但它的不绝的水流，又曲折地回来洗你的双脚。

花朵以芬芳熏香了空气；但它最终的任务，是把自己献上给你。

对你供献不会使世界困穷。

人们从诗人的字句里，选取自己心爱的意义；但是诗句的最终意义是指向着你。

81

在许多闲散的日子，我悼惜着虚度了的光阴。但是光阴并没有虚度，我的主。你掌握了我生命里寸寸的光阴。

你潜藏在万物的心里，培育着种子发芽，蓓蕾绽红，花落结实。

我困乏了，在闲榻上睡眠，想象一切工作都已停歇。早晨醒来，我发现我的园里，却开遍了异蕊奇花。

82

你手里的光阴是无限的，我的主。你的分秒是无法计算的。

夜去明来，时代像花开花落。你晓得怎样来等待。

你的世纪，一个接着一个，来完成一朵小小的野花。

我们的光阴不能浪费，因为没有时间，我们必须争取机缘。我们太穷苦了，绝不可迟到。

因此，在我把时间让给每一个性急的，向我索要时间的人，我的时间就虚度了，最后你的神坛上就没有一点祭品。

一天过去，我赶忙前来，怕你的门已经关闭；但是我发现时间还有充裕。

83

圣母啊，我要把我悲哀的眼泪穿成珠链，挂在你的颈上。

星星把光明做成足镯，来装扮你的双足，但是我的珠链要挂在你的胸前。

名利自你而来，也全凭你的予取。但这悲哀却完全是我自己的，当我把它当做祭品献给你的时候，你就以你的恩慈来酬谢我。

89

我不再高谈阔论了——这是我主的意旨。从那时起我轻声细语。我心里的话要用歌曲低唱出来。

人们急急忙忙地到国王的市场上去，买卖的人都在那里。但在工作正忙的正午，我就早早地离开。

那就让花朵在我的园中开放，虽然花时未到；让蜜蜂在中午奏起他们慵懒的嗡哼。

我曾把充分的时间，用在理欲交战里，但如今是我暇日游侣的雅兴，把我的心拉到他那里去；我也不知道这忽然的召唤，会引到什么突出的奇景。

95

当我刚跨过此生的门槛的时候，我并没有发觉。

是什么力量使我在这无边的神秘中开放，像一朵嫩蕊，中夜在森林里开花！

早起我看到光明，我立刻觉得在这世界里我不是一个生人，那不可思议，不可名状的，已以我自己母亲的形象，把我抱在怀里。

就是这样，在死亡里，这同一的不可知者又要以我熟识的面目出现。因为我爱今生，我知道我也会一样地爱死亡。

当母亲从婴儿口中拿开右乳的时候，他就啼哭，但他立刻又从左乳得到了安慰。

103

在我向你合十膜拜之中，我的上帝，让我一切的感知都舒展在你的脚下，接触这个世界。

像七月的湿云，带着未落的雨点沉沉下垂，在我向你合十膜拜之中，让我的全副心灵在你的门前俯伏。

让我所有的诗歌，聚集起不同的调子，在我向你合十膜拜之中，成为一股洪流，倾注入静寂的大海。

像一群思乡的鹤鸟，日夜飞向他们的山巢，在我向你合十膜拜之中，让我全部的生命，启程回到它永久的家乡。

【德国】荷尔德林

顾正祥 译

我的财产①

历尽千般苦,只求一方土;许过千种愿,最终求安宁。人生,洗尽铅华之后,就是返璞归真地活着。有家园,可以安放灵魂;有爱情,可以品尝人生。

丰饶的秋日已经来到,
　　葡萄已酝酿成熟,小树林里挂满
　　　红果,已有一些可爱的花朵
　　　　感激地谢落在地上。

在我漫步的田间小路,
　　静静的,原野上的谷物将
　　　喜获丰收,这好年景
　　　　将使人忙得不亦乐乎。

柔和的阳光从天上透过树林,
　　俯视着忙碌的人们,与他们
　　　分享快乐,因为果实不是光靠
　　　　人的双手就能长成。

你也会向我照耀吗,金色的阳光?
　　你还会向我吹拂吗,习习的微风?仿佛
　　　祝福我分享欢乐,像当年一样,并像在幸运儿跟前似的,在
　　　　我的胸前荡漾吗?

我也有过幸福的时光,但虔诚的人生

---

① 选自顾正祥译《荷尔德林诗选》,北京大学出版社,1994年版。

玫瑰花似的短暂，唉，可爱的星辰
　　　　只剩下它们还为我盛开
　　　　　频频向我提示这一点。

幸福啊，谁能默默地爱着一位良家女，
　　生活在值得夸耀的故乡和自己的家园，
　　　阳光格外明媚地照耀着
　　　　坚实的大地和那位安居乐业的男子。

因为世人的灵魂好似植物，未在本土
　　扎根，会很快燃成灰烬，
　　　要是只有阳光伴随着可怜的他
　　　　在神圣的大地上漫游。

天国的神灵啊，你们过于强大地
　　举我上天，狂风大作时，晴空万里日，
　　　我感到胸中的你们不一般，
　　　　在消耗着我的精力，你们，变幻着的神灵。

今天请让我默默地沿着这熟悉的小路
　　走向金色的小树林，枯黄的败叶
　　　装点着它的树梢，也请把桂冠戴在我的
　　　　额上吧，你们，美好的回忆，

为了拯救我干枯的心灵，请让我
　　也与他人一样有个安身之处，
　　　我的灵魂并不向往
　　　　在身后也无家可归。

不管是你的歌声，我友好的避难所，还是
　　经我精心培育、带给我幸福的
　　　园林，让我漫步在
　　　　长开不败的繁花下，

有个安定、简朴的住所，任凭外面
　　时代的大潮不顾一切地
　　　变幻着在远处呼啸而过，

让宁静的太阳推动我的创作。

芸芸众生中的每一位,
　天国的神灵啊,都受惠于你们,
　　也请赐给我一份吧,让命运女神
　　　不至于过早地结束我的梦境。

【希腊】埃利蒂斯
李野光 译

我们整天在田野行走①

田野、阳光、女人和狗,这就是生活所需的基本元素吧?自古以来,人类的欢乐就建筑在这些平凡而又宝贵的事物上面。当我们深深地凝视对方的眼神,一种温柔的情感就会蝴蝶般轻轻掠过心头。让生命像火焰一般燃烧吧,我们要痛痛快快活一场。让我们与生命凝眸相视,既善于沉醉欢乐,也勇于肩负痛苦。只要是生命中应有的内容,我们一力承担。我们一代又一代人都在反复证明:人类,是一个优秀的种族;而我们,是属于美好的一代人。

我们整天在田野行走
同我们的女人,太阳和狗
我们玩呀,唱呀,饮水呀
泉水清清来自古代的源头

午后我们静坐了片时
彼此向对方的眼神深深注视
一只蝴蝶从我们的心中飞出
它那样雪白
胜过我们梦尖上那小小的嫩枝
我们知道它永远不会消失
它根本不记得养过什么虫子曾在此藏身

晚上我们燃起一堆火
然后围着它唱歌:
火啊,可爱的火,请不要怜惜木柴

---

① 选自埃利蒂斯《英雄挽歌》,李野光译,漓江出版社,1995年版。

火啊,可爱的火,请不要烟消灰冷
火啊,可爱的火,请燃烧我们
           为我们讲述生命。

我们讲述生命,我们拉着它的双手
我们瞧着它的眼睛,它也报以凝眸
如果这使我们沉醉的是磁石,那我们认识
如果这使我们痛苦的是恶行,我们已感受。

我们讲述生命,我们前行
同时告别它的正在移栖的鸟群

我们属于美好的一代人。

                                    1943年

【墨西哥】帕斯
朱景东 译

朴素的生活①

不把面包称为面包,那会出现什么情况呢?如果那样,我们的生活就会名不副实:童年是消费机器,少年是功课机器,成年是工作机器;刺激替代了欢乐,利益权衡着友情,爱情简化为欲望,金钱复制了幸福,苟且偷换了尊严……一个人过的并不是自己本性渴望的生活。当个人的行为组合成社会的集体模式,那么,做官就是弄权——不是利用权力效力社会;经商就是用奸——不在乎公众利益;教师只管教书——不管育人;学生只认考试——不顾身心的健康发展;权力与金钱手握真理,践踏正义与良知;文人与传媒唯唯诺诺,丧失灵魂,精神失语……大家都忙着不是自己分内的事,于是人世间怪状百出。

子曰:必也,正名乎!是时候了,让大家各就各位,把自己那一摊子事做好,各人做得像那么回事,社会也就会像那么回事。这,或许就是一种回归本源的朴素的生活。

把面包称为面包,但愿
每日的面包出现在桌上;
把属于汗水的给汗水,属于梦的给梦,
属于短暂的天堂和地狱的交给地狱天堂,
把躯体和分钟要求的东西也交给它们;
像大海那样笑,像风儿那样笑,
而笑声别像玻璃打碎的声音;
饮酒,在酒醉中把生活抓住;
翩翩起舞不要迈错了步;
在沉重和痛苦的一天,

---

① 选自帕斯《太阳石》,朱景东等译,漓江出版社,1992年版。

触摸一个陌生人的手；
那只手结实有力，
却不曾握过朋友的手；
品尝孤独，别让醋使我的嘴变形，
也不让镜子把我的怪相重复，
不使寂静充满咯咯的牙齿声；
四面墙壁——纸、石膏、
薄地毯和黄灯光——
还不是期望的地狱；
不让那种欲望再折磨我，
它已被恐惧、冻疮、
未接过吻的口唇烧伤冷却：
清澈的水永远不停止，
有的水果成熟即坠落；
学会切面包和分面包，
真理的面包属于大伙儿，
面包的真理滋养我们大家，
由于它的酵母我才长大，
成为我同类中的一个；
为活人的生存而斗争，
让活人活着，让生命活着，
把死者埋葬，把死者忘记，
如同土地把死者忘记而长出果实，
但愿我死时像男人那样死去，
得到宽恕，像尘土、果实那样永生。

【奥地利】里尔克
北岛 译

秋 日①

上帝啊，是时候了。繁华盛大的夏天已经让一切生命成熟，请您再用一把力，推动这个世界，让葡萄酿成酒，让生命变得有用。我呢，上帝，我渴望我的生命像葡萄酿酒一样甘甜。如果不能，那么，让漂泊者永远漂泊，让孤独者永远孤独，让他失眠，夜读，写倾诉的长信，去各处的街道上徘徊漫游，去看落叶纷飞，看生命凋零——请您恩准一个诗人去漂泊，在漂泊中寻找灵魂的安宁。

27岁的里尔克（1875~1926），在欧洲各国流浪，出版过一本滥情的诗集，与初恋情人分手，结识了年长成熟的情人兼精神导师莎乐美，在爱情中获得安全感、自信和新生，写过罗丹的传记，拜访过托尔斯泰，沉淀于内心的更多的是对漂泊生活的忠诚，以及与孤寂灵魂的自我对话。1902年的秋日，在跟一位艺术女性结婚之后，诗人写下这首天然浑朴的杰作。这是一个流浪的灵魂对上帝的祈祷，一个诗人向命运所做的祈祷。

主啊，是时候了。夏天盛极一时。
把你的阴影置于日晷上，
让风吹过牧场。

让枝头最后的果实饱满；
再给两天南方的好天气，
催它们成熟，把
最后的甘甜压进浓酒。

谁此时没有房子，就不必建造，
谁此时孤独，就永远孤独，

---

① 选自北岛《时间的玫瑰》，中国文史出版社，2005年版。

就醒来，读书，写长长的信，
在林荫路上不停地
徘徊，落叶纷飞。

【中国】海子

面朝大海,春暖花开①

总会有那么一天的,在你的青春岁月里,你会走下云端,立足大地,近距离地仔细地端详生活。或许,你会像海子一样,被"幸福的闪电"击中,顿悟到"做一个幸福的人"原来并非遥不可及。恰恰相反,幸福几乎是触手可及的,那就是怀着深情,过一种人性的朴实的生活。可是,你的心灵要"面向大海",你的生活才会"春暖花开"。而要心灵坦荡、心安理得,你必须割舍许多"迷人的"重负,这需要随时间而来的智慧;你还必须倚仗生活环境的合理、和谐与安宁,这个光有智慧也还不够。因此,诗人没有说谎式的表决心"从今天起",而是祈愿能够"从明天起"。读者,祈愿你"从明天起,做一个幸福的人";而从今天起,就开始爱这个世界吧,让世界以幸福回报你。

海子(1964~1989),中国诗人。写作此诗后不久(1989年3月),诗人在山海关卧轨自杀。这首温情的小诗,可以看作年轻的诗人留给人间的遗言和祝福。

从明天起,做一个幸福的人
喂马,劈柴,周游世界
从明天起,关心粮食和蔬菜
我有一所房子,面朝大海,春暖花开

从明天起,和每个亲人通信
告诉他们我的幸福
那幸福的闪电告诉我的
我将告诉每一个人

---

① 选自《海子诗全编》,上海三联书店,1997年版。

给每一条河每一座山取一个温暖的名字
陌生人,我也为你祝福

愿你有一个灿烂的前程
愿你有情人终成眷属
愿你在尘世获得幸福
我只愿面朝大海,春暖花开

珍藏本后记

关于《青春读书课》

《青春读书课》缘起于我在深圳市育才中学开设的一门选修课。时值1999年，当时可能是中国内地中学开设的第一个成系列的语文选修课。原本定位于人文精英课程，由于得到众多学子的喜爱，于是校方慷慨决定印制教材。开课的同时，教材陆续印制出来，并且不胫而走，成为一套民间流传的人文读本，引发了网友和媒体的新奇关注。2003年，百年老店商务印书馆出版了这套教材，《青春读书课》遂成为公共话题。有教育学者认为"青春读书课"这几个字就有很高的时代价值；香港媒体称之为中华人民共和国成立后"第一部私人编著的语文教材"；联合国教科文组织的有关人员表示要向海外推广；中国关心下一代工作委员会、中央电视台、深圳读书月等机构将此套书列为推荐书目；中语会专设"课外语文"课题组持续研究推广相关理念；国内上百所中学选择其作为语文课校本教材正式开课；更多的学校推荐为学生常备课外阅读书籍；甚至有一些大学和小学分别选用其中的某卷作为教材。

关于读本的编辑理念，早已向芸芸媒体告白，不再饶舌。

《青春读书课》人文读本，一套七卷十四册，近五百万字，导读文字就有四十多万字。十年磨一剑，"上穷碧落下黄泉，动手动脚找东西"。在这段漫长而快乐的岁月中，仿佛与自己心仪的古今中外的人杰约会了一遍。有的匆匆而过，有的侃侃而谈，有的悄声细语……我遥望他们远去的背影，期待着以后的再次约会；我记住了其中一些深情凝注的眼神，一些万语千言的叮咛，一些柔肠寸断的长叹，一些热血沸腾的激情……这些高贵的灵魂，将继续滋养我的生命，因为有了他们，我的人生才不虚此行，并且幸运的是，通过我，给中国孩子们的健康成长，传递着巨大的柔情。

孩子们的反馈是对我的最大激励。深圳南山外国语学校初一学生丁梦琪给我来信："严老师：我是你的书的新的读者，我今天读了你的《成长的岁月》，真是激动得想跳楼。真是太好看了！！"我回信："非常理解你阅读时的欣喜之情，老师编读本的目的，就是让大家好好活。"深圳大学一位学生偶然读到《白话的中国》，其中尖锐的思想刺激得他彻夜难眠，第二天跑来自费购买十余册，说是要送给他的同学好友，让朋友们能够在一个共同的精神层面对话。我的学生赵真、高薇等留学国外，在超重的行囊里，依然塞着读本，一份关爱伴随游子走四方。

学生的评价是最本真、最重要的。请允许我引用几句他们的感言：

杨建梁：青春读书课，可以说是一门给你自由，教你自由的课。

程羽博：原来精神也有家园，也需要归宿。于是，我也开始寻找并构筑属于自己的精神家园。这一切从《白话的中国》开始。

于乐实：每次上完读书课，都会有一种海阔天空的感觉……

谢予：在读书课上，我肯定了许多问题的价值，文学的价值，思考的价值，想象的价值，而在以前，我都是有所怀疑，或是轻视的。

南昌外国语学校是最早引进《青春读书课》教材开设选修课的学校之一，听听这些可爱的声音：

唐嘉辰：年轻的心是躁动的，本以为没有任何事物可以制服它，遇到了"青春读书课"，它却出乎意料地平静了下来，滤去一切繁杂。我们真的沐浴在中国文化的精髓中，我甚至站在了前人文化的高峰上看中国的文化遗产……

钟鸣：这里没有陈词滥调的教化，没有任何强制接受的压迫，毫不经意之中，实现了思想的交流、沟通和碰撞。站在此处再回首，蓦然发现思想真的可以如苍鹰般展翅飞翔。而《青春读书课》就是将我们送上天空的风。当我们的灵魂一次一次地经受洗礼与升华之后，我看见了自己稚气未脱的脸庞上那无比坚毅与坚定的目光。

肖旭：《青春读书课》是对我青春生命的救赎。

因为《青春读书课》，听到许多志同道合的声援，体会到"道不孤，必有邻"。早在读本正式出版之前，蛇口工业区的创始人袁庚先生，看到读本后约我见面，并流利地背诵韩瀚咏叹张志新的短诗："她把带血的头颅，放在生命的天平上，让所有的苟活者，都失去了——重量。"听说，他向许多人推荐这个读本，于是很长一段时间，都有人慕名找到学校来。数年之后，年近九旬的袁老，在我再次拜访他时，竟然向我这个编者推荐我编的读本——他已经不认得我了，但还惦记着这个读本，并关心它的出版。广东省语文教研员冯善亮在听课后肯定："以往我们总说语文课脱离时代，严凌君老师的读书课就贴近了时代脉搏，把枯燥乏味的语文课变得博大精深。"珠海市语文教研员容理成多次带领珠海的老师不下百人前来听课研讨。四川的李镇西老师在K12教育网站率先推荐："从这本教材中感到了中国语文教育的一点点希望！"山东的王泽钊老师在联系出版自己的教材时，从中青社某编辑手上获得《白话的中国》，自言"如获至宝"，并千里迢迢前来深圳会晤。国编《语文》教材主编顾之川先生告诉我："人教社新编《语文》教材，从《青春读书课》读本中吸收了不少东西。"并邀请我参与人教社高中《语文》的编写。《读写月报》副主编漆羽舟引着编辑部全体成员来到育才中学召开第一次"读本研讨会"，随后亲自在南昌外国语学校操鞭执教。善良诚挚的摩罗先生积极为我联系出版，并建议增补"小说"一卷，这就是后来的《世界的影像》；远在美国留学的梁讯，欣然加盟《世界的影像》一卷的编写。还有那么多我的同仁，在全国各处发出呼应：新疆的冯远理老师撰文支持；北京的赵谦祥老师将读本引进清华附中作选修课教材……我从老一辈教师身上感受到庄重大气的品格。师心淳厚的钱理群先生闭户半月，为读本欣然挥笔写下2万多字热情洋溢的长序；虚怀若谷、鹤发童心的商友敬先生甚至说："你编的读本后来居上。"这两位前辈都是《新语文读本》的编者。在徐州参加"中国青年教师论坛"，初识《那一代》的几位作者蔡少阳等人，他们正在热烈聚谈，一见我，立即没头没脑地嚷道："严老师，你说你说。"那些热血纯真的年轻面孔，让我感受到万象更新的"五四"氛围……这些相互感应的人们，还有那些素昧平生的使用读本的老师们，他们都是我的同道、我的族人，也是像我一样为书本所蛊惑、为理想而痴迷、为教育而揪心的书痴吧？

我怀着温情在这里记下三位素昧平生的朋友：两位青年和一名工人。

2004年2月，《南方周末》发表记者徐楠对我的采访——《严凌君：还语文教师以尊严》。全国各地问询的、支持的电话不断，有学生家长，有记者，也有教师。一天，我的办公室来了一位青年，先拿出学生证给我看，证明他是贵州警校法律系学生，然后拿着本子，上面写着一些问题，非常认真地一一提问，话题集中在"青年的精神家园"。不是采访，是他心中的困惑。交谈中蹦出一句："老师就像当年的鲁迅先生一样。"让我突然感到巨大的悲哀！21世纪了，我们的青年多么需要真实的精神资源，他们一旦看见好东西，就如此轻易地矮化自己，我们的社会没让他有机会成为自立的人。我惶恐辞谢，转告他鲁迅先生的话："不要寻什么'乌烟瘴气的鸟导师'，自己从荆棘中闯出一条路来。"

有一天，一位瘦高的青年来找我买书。自我介绍是山东潍坊人，大学园林专业毕业生，在深圳工作。因为是独子，要离开深圳回老家了。说是在走之前要"带回去一点能够代表深圳的精神和文化的东西"，浏览深圳的报纸和网站，知道了《青春读书课》这套书，就来了，说是要送一套给他在老家当老师的女朋友，要我签名题字，还说自己的学生时代没有这样的书、这样的老师，希望女朋友拥有这样的书，当这样的老师。临别，我伸手与他握别，他突然后退一步，给我一个毕恭毕敬的九十度的鞠躬，让我惶惑不安。

2004年3月的《南方周末》，载文反驳我的一些观点，说语文就是技术，不同意我的"尸检说"。这是在意料之中的：这恐怕是目前中国教育界的"主流声音"，一些一线教师正在成为教育变革的第一阻力。6日子夜，接到一通电话，来电者自称是黑龙江佳木斯市的一位下岗工人，他声音激动地表示要著文反驳，并说："你给中国教育带来了曙光……"这样的期许，让我惭愧难当。其后，又接到他的深夜来电，表示自己水平不够，已经请当地一位教授代为撰文。

这三位特殊的友人，我至今连他们的名字都不知道，那位工人甚至说："你不需要知道我的名字，我只是一个支持你的中国人。"是啊，只要是关爱中国的中国人，这就够了。

关于修订本

《青春读书课》初版至今15年，此前作为校本教材使用至今已经20年。这些年，读本在教学实验和公众阅读中，得到众多师生及各界读者的积极反馈，他们为读本的修订提供了诸多智慧的建议。我也在一边教学一边进行修订，于是就有了这个修订本。

与初版比较，修订版共删除文本56篇，新增文本89篇。删除的基本原因：用更合适的文本替代，使主题更为结实有力。增补的一般理由：发现更佳或更新的文本，对诠释主题更有代表性。修订版较之初版，全套书更为经典和新鲜。

下面逐卷简介修订情况，重点提示一些"欣喜的发现"。

《成长的岁月》卷，删去6篇诗文，新增文本10篇。增加了两本可爱的童书：《当世界年纪还小的时候》和《芒果街上的小屋》。还增加了联合国前秘书长安南《致全世界儿童的一封信》。小说《受戒》用全本替代了节本，《小王子》则增加了章节，新增《小毕的故事》，补充了男孩成长的主题。

《心灵的日出》卷，原《悲壮的两小时》一文，经读者提醒并查实，是一篇虚构的航天故事，删除。增加了几篇精品文字：台湾作家张大春的《小说稗类》一篇，大陆文字高手阿城的短篇小说《遍地风流》三篇，另有诗人海子的散文以及关于时间妙想的一本奇书《爱因斯坦的梦》。

《世界的影像》卷，根据教学实践，对多个栏目做了重组。删除了7篇小说；增加了《有人弄乱了玫瑰花》一章，集合马尔克斯、博尔赫斯等后现代文风的作品，让学子亲近当代大师，一窥新小说风光。新增王朔的《我的千岁寒》，鼓励一种有活力的汉语书写探索；而《肖申克的救赎》，是小说电影俱佳的作品，喜欢该电影的读者再读原著，或有鸳梦重温之快。巴别尔是重新出土的俄国文学大师，尤瑟纳尔是罕见的智慧型女作家，都有新作入选。

《古典的中国》卷，是我私心最爱的一卷，导读就写了13万字。除保留余冠英和萧兵二先生的《诗经》《楚辞》译注之外，对全书译注做了全新修订。散文的译注力求准确生动，诗词曲的注释新鲜发散，倾情展示中国文学中韵文强项的独特魅力，以注释而论，几乎是一本新书了。本书散文部分，为适合学生阅读，特别邀请刘曦耕先生注释并白话翻译，对老友的智力支援，不敢言谢。感谢钟叔河先生慷慨提供多篇笔记小品译文，这种不同于传统直译的串读式译述，本身是别具情味的小品文风；感谢台北"中央研究院"的华玮教授提供清代才女吴藻的《乔影》一文，为《书生意气》一章补充了女性题材和女性视角，使被漫长历史遮蔽的另一半书生有机会崭露头角；感谢素昧平生的热心读者冯良遵先生提供的校对建议，使本书更为完善。得与素心人谈诗论文，不亦快哉。

《世界的影像》与《古典的中国》两卷，初版的疏漏较多，修订版改用原稿重新排版；两卷都补上了受读者喜爱的彩页插图，保持全套书体例统一。

《白话的中国》卷，删除25篇，增补38篇，是全套书中文本调整最大的一卷。多个栏目面目一新，重新认定了各位作家的代表作，以求更全面地反映当代白话文的成就和华语文学的新收获。"启蒙者鲁迅"主题，用陈丹青先生的《笑谈大先生》替换了王晓明先生的学术文章，便于学生读者亲近鲁迅。"诠释中国"主题，在李敖解剖国民性的犀利之外，扩大阵容，增添对书生风骨的温情回顾，于是有了魏晋风度和苏东坡的话题。原"文化随笔"改名"重读古典"，文本大幅增删，确定为对中国诗史的全面扫描，入选的都是妙不可言的名家名篇。《当代诗抄》与《海外中文诗》两章，重新增补了当代华语诗人的代表作，替换较大。其中雷平阳《杀狗的过程》，是我近几年读诗最震撼的发现。而木心先生的"横空出世"，为当代白话文增添了高雅的文化含量，我通读其全集寻章摘句，收拾起一地碎金，编辑成一个语录体文本以飨读者。

《人类的声音》卷，与其他各卷以放为主不同，这一卷主要是收，删去了不够经典的篇目，长文压缩节选，让青少年读者容易进入文本。较好地表现在"话说中国"主题，新增一篇传播（《中国：发明与发现的国度》）、一篇吸收（《唐代的外来文明·胡风》），呈现中外文化双向交流的面貌。

《人间的诗意》卷，删8首，增24首，增补较多。这要感谢河北教育出版社等近年来致力于引介外国诗歌的出版机构，使多语种的外文诗进入中文读者视野，也让我们的新选本更为精粹，主题更为丰厚。比如《我是谁》一章，扩展了自我探寻的精神领域；《亲爱的母亲》一章更名为《我的父亲母亲》，让诗歌中较为少见的父亲主题得以出现。另外在多个主题补入了上佳的诗作，连我自己也愿意不时重温一下。

关于海天版

移民深圳二十余年，我从不讳言自己喜欢这座城市。一座移民新城要成为故乡，至少需要三代人的时间。而今天的深圳人，正在酝酿着家园的感觉。我在20世纪90年代涂抹了一本批评深圳的城市文化观察类的文字《深圳城市病》，当时胡洪侠先生主编的《深圳商报·文化广场》用专栏形式连载，而《天涯》杂志以《来自深圳的报告》专刊发表后，《深圳青年》杂志的编辑不无遗憾地对我说："为什么不先给我们发表？"当《青春读书课》还未正式出版的时候，《深圳周刊》的王绍培先生就曲折寻来，发表《在人文的历史长河上摆渡——与严凌君对话》，这是读本见诸媒体的第一篇深度报道。我知道，这些人都是真爱这座城市的。

　　海天出版社是深圳特区的出版机构，与我供职的深圳市育才中学结缘较早，我校学生的长篇小说《花季·雨季》就是当年由海天推出的新时期青春文学代表作品。2007年，海天出版社与深圳发行集团合并成立深圳出版发行集团。集团是誉满天下的"深圳读书月"的承办单位，我多年忝列读书委员会专家之列。集团副总何春华先生数年来一直关注着读本的再版，在得知有多家大型出版社正在与我商谈修订版事宜之后，他一再叮嘱我把书留在"海天"，最触动我的一句话是："为了深圳！" 2011年，尹昌龙先生履新集团总经理，又以多年文友的身份刺激我作为一个特区公民的文化情怀："这是深圳人创造的文化成果，一定要让深圳人首先分享。" 如此，《青春读书课》回到这片她诞生的土地，花落"海天"，水到渠成。

　　彼此守望，青眼相许，相互砥砺，携手玉成，正是我喜欢的深圳人的风格。

　　愿《青春读书课》与海天出版社的结缘，成为深圳无数个好故事之中的一个。

关于珍藏本

　　这个珍藏本，有幸邀请到"中国最美图书"获奖者、著名设计师韩湛宁先生操刀，全面更新设计，完美地呈现出优雅隽永、丰盈高洁的中国书生的青春容颜，令我有爱不释手的感觉，相信读者也会喜爱。内容方面，全套书基本定型，比较理想地表达了我目前对青春学子的阅读期许和指引，大的更新尚须等待时局的演进。此次除了更精细的校对，篇目基本未作变动。这样的面目出现在你面前的一套书，应该值得书香家庭珍藏。

　　愿天下素心人因好书结缘，如果你是青春期学子，我对你的唯一期许是：打开这本书，读下去，读出一个全新的自己。

严凌君

2017年重阳于深圳市育才中学春韵网站